Íosagán

OSAGÁN

gus·sgéalta·eile·

aic·Mac·Piarais·do·sgríob
atrice·Elvery·do·maisig

Inr an "ʒClaiḋeaṁ Soluir," i ʒcaiteam na
mbliaḋan 1905 aʒur 1906, a cuireaḋ na
rʒéalta ro i ʒcló ḋe'n céaḋ uair. Sʒríoḃaḋ
túr rʒéil "An tSaʒairt" ar an nuaḋ le
haʒaiḋ an leaḃráin reo, aʒur cuireaḋ atruʒaḋ
beaʒ ar na rʒéaltaiḃ eile annro 'r annrúḋ.

Táim rá ċomaoin ṁóir aʒ mo ċaraiḋ óʒ,
Ṡolm Ó neaċtain, ar ḃcċ ar tuʒ ré ḋom ḋe
ċonʒnaṁ aʒur mé i n-éaḋan an leaḃair reo.
Ir é a ċuir na rocla ra ḃrroclóir i nḋiaiḋ a
ċéile tar éir iaḋ a rʒríoḃaḋ ḋom-ra. D'ḟéiḋir,
le conʒnaṁ Ḋé, ʒo mbeinn-re aʒ cuiḋiuʒaḋ
leir-rean le rlaċt a ċur ar leaḃair rá ċeann
ḃeiċ mbliaḋan eile, má'r rlán ḋúinn ar aon.

                              p mac p.

ÍOSAGÁN

agus Sgéalta eile

Pádraic

Mac Piarais

do sgríob.

Connradh na Gaedilge
do chuir amach.
Baile Áta Cliat,

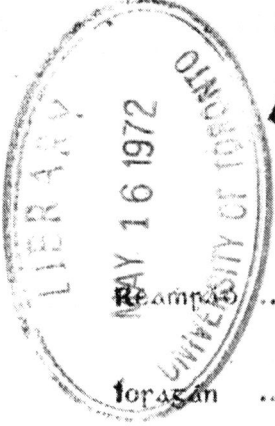
30 7 56

An Clár.

·RÉAṀRÁḊ·

Ag cur na sgéalta so i n-eagar ḋom, ní hiongnaḋ go ḃfuil mo smaointe ar na cáirḋiḃ a d'innis ḋom iad agus ar an áit uaignig ar ċiuṁais na hÉireann i n-a ḃfuil a gcoṁnaiḋe. Feicim os coṁair mo ṡúl taoḃ tíre ċnocaċ ġleanntaċ aiḃneaċ loċaċ; beanna móra ag bagairt a mullaċ ar imeall na spéire sa gceárd ṫiar adtuaiḋ; cuan caol caointeaċ ag síneaḋ isteaċ ó'n ḃfairrge ar gaċ taoḃ de ros; an ros ag árduġaḋ aníos ó ċrioslaċ an ċuain, aċt gan an iomarca aoirde ann i gcóiṁṁeas leis na cnocaiḃ ma-gcuairt nó leis na beannaiḃ i gcéin; cnuasaċ beag tiġte i ngaċ gleann-

tán ir máṁ ṡléiḃe, aguṛ boṫán
ḟánaċ annṛo ir annṛúḋ aṛ ġualainn na
gcnoc. Feiċtear ḋom go gcluinim
cṛónán na n-eaṛ ir na n-aḃann,
glaoḋ binn na ḟeaḋoiġe ir an ċṛotaiġ,
aguṛ glóṛ íṛeal na nḋaoine ag
coṁráḋ coir teineaḋ. . . . Mo
ḃeannaċt leat, a leaḃráin, go Roṛ
na gCaoṛaċ ir ċuiġ a ḃfuil ann ḋem'
ċáiṛḋiḃ ! . .

Ir ó na " pataiṛiḃ beaga " a
ḋ'ḟeiceaḋ ṛean-Ṁaitiaṛ ag ḋéanaṁ
ġṛinn ḋóiḃ ṛéin aṛ an " ḃṛaitċe " a
ċuala mé bunáite an ċéaḋ ṛġéil.
Ḃionn ṛiaḋ ann i gcoṁnaiḋe, gaċ
tṛáṫnóna ġṛéine ir gaċ maroin ḃṛeaġ
Ḋoṁnaiġ, ag ṛuteaċt ir ag caiteaṁ
léim go ḋíṛeaċ maṛ a ḃíḋíṛ nuaiṛ
a ṛuiḋeaḋ ṛean-Ṁaitiaṛ ag ḃṛeaṫ-
nuġaḋ oṛta. Ní facaṛ-ṛa íoṛagán
' n-a meaṛg ṛiaṁ, aċt ní móiḋe
naċ mbíonn ṛé ann i n-a ḋiaiḋ ṛin.
Naċ ḃfuil a ḋúil i beiṫ ag gáiṛḋ-
eaċaṛ aṛ an talaṁ aguṛ naċ é a
aoiḃneaṛ a beiṫ i ḃfoċaiṛ clainne a
ataṛ ? . . . Tá iṁṛiġte agam
ṛa ṛġéal ṛéin cia an áit aguṛ cia an

τράċ a ṡċuala mé " An Saṡaρc." Iṡ
maiċ iṡ cuiṁneaċ liom τeaċ beaṡ
Nóρa, aṡuṡ an ḃeanin láṡaċ í féin,
aṡuṡ an τṡiúρ ρáiṡτe. ·Τá Páṡaic aṡ
ḟṡioċáil an Aiḟṡinn anoiṡ, aṡuṡ iṡ
cloṡ ḋom ṡo ḃḟuil " ḟṡomṡó ḟṡam.
ṡó " ḋe ṡlan-ṁeaḋaiṡ aṡ Τaimín. . . .
Iṡ ó Ḃṡíṡiḋin féin a ċuala mé eaċτṡa
Ḃaiṡḃṡe. Τṡáτnóna ḋá nḋeaċamaṡ
iṡτeaċ aṡ Oileán na Ṙaiċniṡe, miṡe
aṡuṡ iṡe, iṡ eaḋ ḋ'inniṡ ṡí ḋom é,
aṡuṡ ṡinn i n-aṡ ṡuiḋe aṡ ḃṡuaċ an
loċa aṡ ḃṡeaċnuṡaḋ anonn aṡ an
aill ṁóiṡ. Τaiṡḃeán ṡí uaiṡ Ḃaiṡ-
ḃṡe ḋom an τṡáτnóna céaḋna τaṡ
éiṡ τeaċτ a ḃaile ḋúinn, aṡuṡ ḃain ṡí
ṡeallaḋ ḋíom ṡo ṡcuiṡḟinn ρaiḋṡ
le hanam a caṡaḋ ṡaċ oiḋċe le mo
ḃeo. Ḃeiḋ Ḃṡíṡiḋin aṡ ḋul aṡ ṡṡoil
an ḃliaḋain ṡeo ċuṡainn, aṡuṡ iṡ
ḋóiṡ ṡo mḃeiḋ ṡí i n-ann ṡṡéal
Ḃaiṡḃṡe a léiṡeaḋ amaċ annṡo. Τá
ṡúil aṡam ṡo ḋτaiċneoċaiḋ ṡé léiċi.
· . Maiḋiṡ le " Eoṡainín na
nÉan," níl a ḟioṡ aṡam cia uaiṡ a
ṡcuala mé é, munaḋ ó na ṡáinleoṡ-
aiḃ féin é 'Seaḋ, ṡeiċτeaṡ ḋom

gurab iaḋ a ḋ'innir ḋom é tráṫnóna
áiriṫe ḋá raiḃ mé rínte ar an
ḃfraoc ag féacaint orṫa ag eiteall
anonn ir anall or ciorn loċ Eir-
eaṁlaċ. Cia uaiḋ a gcuala na fáin-
leoga túr an rgéil, ní' mé? Ó'n
gcéirriġ agur ó'n ngealḃan buiḋe úḋ
a raiḃ a neaḋraċa i gclaiḋe an
ġarrḋa, b'féidir.

Ḋiḃ-re, a ċáirḋe ḋilre, a luċt
innriġte mo rgéalta roir beag agur
mór, toirḃirim agur tioḃlacaim an
leaḃrán ro.

PÁDRAIC MAC PIARAIS.

Íosagán.

Íosagán.

Bhí sean-mháthair i n-a suidhe le
hais a dorais. An té ghabhadh an
bóthar, fhillfeadh sé gur dhealbh cloiche
nó marmair a bhí ann—sin nó duine
marbh—mar ní chreidfeadh sé go bhféad-
fadh fear beo fanacht chomh ciúin, chomh
socair sin. Bhí a cheann cromtha aige
agus cluas air ag éisteacht. Is iomdha
sin ruaim cheolmhar a bhí le cloisteáil,
an té a mbeadh aird aige ortha. Chuala
sean-mháthair olagán na dtonn ar
na carraigreacaibh agus monabhar an
tsruithleáin ag rith leis an gclochar
Chuala sé sgréach na cuirre éirgh ó'n
duibhling, agus géimneach na mbó ó'n
mbuaile, agus geal-gháire na bpáistí
ó'n bhfaithche. Acht ní le ceachtar aca so
a bhí sé ag éisteacht chomh haireach sin—
cé go mbadh bhinn leis iad go léir—acht
le glór glé glinn cluig an Aifrinn a
bhí ag teacht chuige le gaoith i gciúin-
eadhar na maidne.

Bhí na daoine ar fad bailighthe leis
chuig an Aifreann. Connaic sean-
mháthair ag gabháil thairis iad. i n-a

n'ouine 'ṟ 1 n-a n'ouine nó 1 n-a mion-
oṟeamannaiḃ. Ḃí na ᵹeaṟṟ-ḃo'ouiᵹ
aᵹ ṟit 'ṟ aᵹ léimneaċ. Ḃí na cailíní
aᵹ ṟioṟᵹa'ó cainnte ᵹo mei'óṟeaċ.
Ḃí na mná aᵹ coṁṟá'ó óṟ íṟeal. Ḃí
na ḟiṟ 1 n-a 'ótoṟt. Maṟ ṟin a ṫṟiall-
ai'óiṟ an bótaṟ ᵹaċ 'Óoṁnaċ. Maṟ ṟin
a ḟui'óea'ó ṟean-Ṁaitiaṟ aṟ a ċaṫaoiṟ
aᵹ ḃṟeaṫnuᵹa'ó oṟta nó ᵹo 'ótéi'ói'óíṟ
aṟ aṁaṟc. Ṫṟiall ṟia'ó taiṟiṟ an
ṁai'óin áiṟite ṟeo maṟ ḃa ᵹnáṫaċ.
'Ó'ṟan an ṟean-ḟeaṟ aᵹ ṟéaċaint
oṟta ᵹo 'ótí ᵹo ṟaiḃ cṟíoċ leiṟ an
nᵹleo iṟ leiṟ an ḃṟotṟam, ᵹo 'ótí
ᵹuṟ ᵹlan an pló'ó 'oeiṟeannaċ
baṟṟ áṟ'oáin na cille, ᵹo 'ótí naċ
ṟaiḃ le ṟeiceál aċt bótaṟ ṟa'oa
'oíṟeaċ aᵹ ṟínea'ó amaċ iṟ é bán, ᵹo
'ótí naċ ṟaiḃ ṟáᵹta aṟ an mbaile aċt
coṟṟ-ṟean-'ouine 1 n-a leaḃai'ó, na
páiṟtí aᵹ cleaṟai'óeaċt aṟ an ḃṟaitċe,
aᵹuṟ é ṟéin 1 n-a ḟui'óe le háiṟ a
'óoṟaiṟ.

Ní ṫéi'óea'ó ṟean-Ṁaitiaṟ ċuiᵹ
teaċ an poḃail. Níoṟ éiṟt ṟé "an
táiṟṟeann binn" le tuillea'ó iṟ tṟí
ṟᵹóṟ blia'óain. Ḃí ṟé 1 n-a óᵹánaċ

mah·sin·thiallaidis·an·
bóṫah·ᵹaċ·domnaċ·

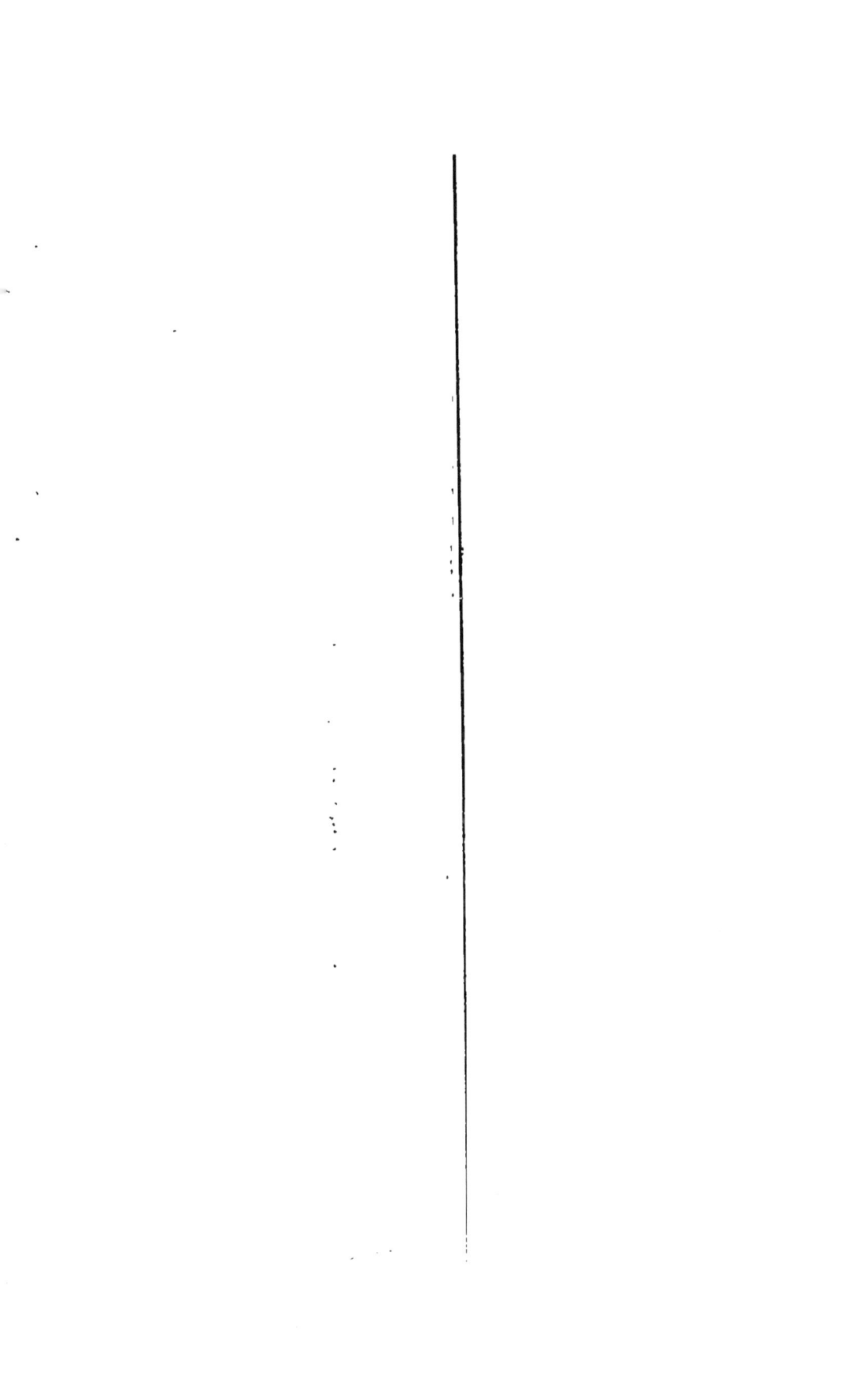

luaṫ láiḋir an uair ḋeiṛeannaċ a
ċoiṛṁiṡ ṛé é féin i láṫair an ṗobail,
aṡur anoir ḃí ṛé i n-a ṗean-ṗear ċríon
caiṫte, a ċuiḋ ṡruaiṡe liaṫ-ḃán, ṡúic
i n-a éaḋan, a ḟuinneáin cromṫa.
Níor ḟeac ṛé a ṡlún i ḃṗiaḋnaiṛe
Ḋé ar ṗeaḋ na ḋtrí ṛṡór ḃliaḋain
ṛin; níor ċuir ṛé paiḋir ċum a
Cruṫuiṡṫeora; níor ṡaḃ ṛé ḃuiḋeaċar
le n-a Ṡlánuiṡṫeoir. Ṗear ann ṗéin
a ḃ'eaḋ ṗean-Ṁaiṫiar.

Ní raiḃ a ṗior aṡ einne ṡo cé an
ṗáṫ naċ ḋtéiḋeaḋ ṛé ar Aiṗṛeann.
Ḋuḃairt ḋaoine nár ċreiḋ ṛé ṡo
raiḃ aon Ḋia ann. Ḋuḃairt ḋaoine
eile ṡo nḋearna ṛé peacaḋ uaṫḃáraċ
éiṡin i ḋtúr a ṗaoġail, aṡur nuair naċ
ḋtiuḃraḋ an ṛaṡart aḃrolóiḋ ḋó ar
ṗaoirtean, ṡur ṫáiniṡ cuṫaċ ṗeirṡe air
aṡur ṡur ṁionnuiṡ ṛé naċ ḋtaoḃóċaḋ
ṛé ṛaṡart ná ṛéiṗéal le n-a ḃeo arír.
Ḋuḃairt ḋaoine eile—aċt ní ḋeirṫí é
ṛeo aċt i ṡcoṡar coir ṫeineaḋ nuair
a ḃíoḋ na ṗean-ḋaoine aṡ ṛeanċur
leo ṗéin ṫar éir ḋul a ċoḋlaḋ ḋo
na páirṫiḃ—ḋuḃraḋar ṛo ṡur ḋíol
ṛé a anam le Ṗear Ṁór áiṛiṫe a

caꞃa🙰 ꞈó uaiꞃ aꞃ ṁullaċ Cꞃuic an
Ꝺaiṁ aᵹuꞃ naċ leiᵹꝼea🙰 an ꞇé ꞃeo ꞈó
an ꞇáiꞃꝼeann a ċleaċꞇa🙰. Níl a
ꝼioꞃ aᵹam an ꝼioꞃ bꞃéaᵹ na ꞃᵹéalꞇa
ꞃo, aċꞇ ꞇá a ꝼioꞃ aᵹam náꞃ ꝼacꞇaꞃ
ꞃean-Ṁaiꞇiaꞃ aᵹ Aiꞃꝼeann Ꝺé le
cuiṁne cinn an 🙰uine ba ꞃine aꞃ an
mbaile. Ꝺubaiꞃꞇ Cuimin Ó Ñia🙰,
ꞃean-ꝼeaꞃ a ꝼuaiꞃ báꞃ cúpla blia🙰ain
ꞃoiṁe ꞃeo i n-aoiꞃ a 🙰eiċ mblia🙰an iꞃ
ceiꞇꞃe ꞃᵹóꞃ, ᵹo bꝼaca ꞃé ꝼéin ann é
nuaiꞃ a bí ꞃé i n-a ꞃꞇócaċ.

Ñá ꞃilꞇeaꞃ ᵹo mbá 🙰ꞃoċ-🙰uine
ꞃean-Ṁaiꞇiaꞃ. Bí ꞃé i n-a ꝼeaꞃ coṁ
macánꞇa, coṁ ꞃimpli🙰e, coṁ ná🙰úꞃꞇa
iꞃ a caꞃꝼai🙰e oꞃꞇ i 🙰o ꝼiubal lae.
Ñíoꞃ cluinea🙰 aꞃ a béal ꞃiaṁ aċꞇ an
🙰eaᵹ-ꝼocal. Ní ꞃai🙰 🙰úil aiᵹe i n-ól
ná i ᵹcoṁlua🙰aꞃ, i n-óꞃ ná i maoin.
Bí ꞃé boċꞇ, aċꞇ iꞃ minic a ꞃoinnea🙰
ꞃé le 🙰aoini🙰 ba boiċꞇe 'ná é. Bí
ꞇꞃuaᵹ aiᵹe 🙰o'n eaꞃlán. Bí ꞇꞃócaiꞃe
aiᵹe 🙰o'n ꞇꞃuaᵹán. Bí mo🙰 aᵹuꞃ
meaꞃ aᵹ ꝼeaꞃai🙰 eile aiꞃ. Bí ᵹean
aᵹ na mnái🙰, aᵹ na páiꞃꞇí🙰, aᵹuꞃ aᵹ
na hainṁí🙰ṫi🙰 🙰ó; aᵹuꞃ bí ᵹean aiᵹe-
ꞃean 🙰ói🙰-ꞃean aᵹuꞃ 🙰o ᵹaċ ní🙰 aꞇá
ᵹꞃá🙰ṁaꞃ cꞃoi🙰e-ᵹlan.

b'feapp le pean-ṁaiciap compáo
ban 'ná coṁpáo peap. aċc b'feapp
leip coṁpáo malpaċ ip gippeaċ 'ná
compáo peap ná ban. Deipeaó pé gup
cuigpeanaiġe na mná 'ná na pip agup
gup cuigpeanaiġe na páipcí 'ná ceaċcap
aca. Ip i bpóċaip an opeama óig a
caiceaó pé an cuio ip mó oá aimpip
óiomaoiniġ. Suió-aó pé leo i gcúinne
cige ag innpeaċc pgéalca oóib nó ag
baint pgéalca apca. b'iongancaċ iao a
cuio pgéalca. bi eaċcpa an Ġioppáin
Ġlaip ap óeipeaċc an ooṁain aige.
b'é an c-aon cpean-ouine ap an mbaile
é a paib pgéal Ṗpéaċáin na gCeapc 'p
an Opeoilin i gceapc aige. Naċ é
a cuipeaó pgannpaó ap na páipcíb
ip é ag aicpip an "pú pá péapóg"
pacaig an oá Ċeann, ip naċ é a boin-
eaó na gáipí apca ag cup píop ap im-
ceaċcaib an píobaipe i gCaipleán an
cSeilmioe! agup na haṁpáin a bí
aige! b'péioip leip leanó opeoioce
a ṁeallaó ċum puain le n-a—
" Seoicin peó, ip coóail, a ṗeaca,
   Cá an pluaġ píóe amuiġ ag piubal an
   ġleanna!"

nó cíocraʋ leir líon cíʒe ʋe páircíʋ
a čur i ʋcričíʋ ʒáire le n-a—
"Naʋ ʋıoıl ʋum, an cac ır a ṁácaır,
a ʋ'ımcıʒ ʒo Ʒaıllıṁ aʒ marcaıʋeačc
aır ḃárʋaí!"
Aʒur nač aıʒe ḃí na rean-ranná
ʒreannṁara; aʒur na cruaıʋ-čeırc-
eanna ʋeacra; aʒur na cóṁaıreanna
ʋreaʒcá! Maıʋır le cluıčíʋ, cá raıʋ
an cé, rear, ʋean, nó páırce, a ʋ'ḟéaʋ-
raʋ "Lúraʋóʒ, Láraʋóʒ" nó "An
Ḃuıʋean Ḃalʋ" a coınʒḃeáıl aır
rıuḃal leır?
San uaır ḃreaʒ ır aır an caoıʋ an
čnuıc nó aʒ rıuḃal na ḃporcač a
ʋ'ḟeıcreá rean-Ṁaıcıar ır a čompáʋ-
aıʋce ḃeaʒa, é aʒ mınıuʒaʋ rlıʒe
ḃeacaʋ na ríoʒán ır na míol ʒcríonna
ʋóıḃ, nó aʒ ríoṁaʋ rʒéalca ı ʋcaoıʋ
na Ʒráınneoıʒe ır an ıorraıʋ ruaıʋ.
Camaıl eıle ʋóıḃ aʒ ḃáʋóıreačc
maıʋe ráṁa aʒ an rean-ḟear, ceann
eıle aʒ buačaıllín ḃeaʒ éıʒın, aʒur
ḃ'ḟéıʋır ʒearr-čaıle aʒ rcıúraʋ. Ír
mınıc a čluıneaʋ na ʋaoıne a ḃíoʋ aʒ
oḃaır ı n-aıce na cráʒa ʒáırca áċaır
na ḃpáırcí aʒ ceačc čuca ó ḃéal an

cuain, nó b'féioir glór fean-ṁáiṫir
iṙ é aṙ ṙaḃáil ḟuinn—

"Ōró! mo ċuṙaiċín Ó!
iṙ óró! mo ḃáiḋín!"—

nó ruo éiṙin mar é.

Ṫaṙaḋ faitċíor ar cuio oe na
máiṫreacaiḃ rṙaiṫṫe aṙur oeirioír
le céile nár ceart oóiḃ leiṙean oá
ṙclainn an oireao rin aimrire a
caiṫeaṁ i ḃrocair fean-ṁáiṫir—
"fear naċ oṫaitiṙeann oró ná
Aifreann." Uair aṁáin noċt bean
aca na rṁaointe reo oo'n Aṫair
Seaṙán. 'Sér'o ouḃairt an raṙart—

"Ná bac leir na páirṫiḃ boċta,"
ar reirean. "Ní féaofaioír a ḃeiṫ i
ṙcoṁluaoar ní b'fearr."

"Aċt oeirtear liom naċ ṙcreio-
eann ré i nOia, a Aṫair."

"Ir iomoa naoṁ 'rna Flaiṫir inoiu
nár ċreio i nOia ṫráṫ oá faoṙal. Aṙur
coṙair mé reo. Muna ḃfuil ṙráo
aṙ fean-ṁáiṫir oo Oia—ruo naċ
fearaċ ouit-re nó oom-ra—ir ionṙan-
taċ an ṙráo atá aiṙe oo'n níṫ ir
áilne 'r ir ṙlaine oár ċrutuiṙ Oia—
anam ṙléiṙeal an páirṫe. Oí an

B

ᵹɴᴀᵭ céᴀᴅɴᴀ ᴀᵹ ᴀꞃ Ꮪláɴᴜɪᵹꞇeoɪꞃ
ꝼéɪɴ ᴀᵹᴜꞃ ᴀᵹ ɴᴀ ɴᴀoṁᴀɪᵭ ɪꞃ ᵹlóꞃṁᴀɪꞃe
ᴀꞃ ɴeᴀṁ ᴅóɪᵭ. Cá·ᵬꝼɪoꞃ ᴅúɪɴɴ ɴᴀċ
ɪᴀᴅ ɴᴀ ᴩáɪꞃꞇɪ ᴀ ċᴀꞃꞃᴀɪɴᵹeoċᴀᵭ ꞃeᴀɴ-
ṁᴀɪꞇɪᴀꞃ ᵹo ᵹlúɴ ᴀꞃ Ꮪláɴᴜɪᵹꞇeoꞃᴀ
ꝼóꞃ?"

Aᵹᴜꞃ ꝼáᵹᴀᵭ ᴀɴ ꞃᵹéᴀl mᴀꞃ ꞃɪɴ.

Aɴ ṁᴀɪᴅɪɴ Ꭰoṁɴᴀɪᵹ ꞃeo ᴅ'ꝼᴀɴ ᴀɴ
ꞃeᴀɴ-ꝼeᴀꞃ ᴀᵹ éɪꞃꞇeᴀċꞇ ɴó ᵹᴜꞃ ꞃꞇᴀᴅ
cloᵹ ᴀɴ Aɪꝼꞃɪɴɴ ᴅá ᵬᴜᴀlᴀᵭ. Nᴜᴀɪꞃ
ᴀ ᵬí ᴅeɪꞃeᴀᵭ leɪꞃ, leɪᵹ ꞃé oꞃɴᴀᵭ, mᴀꞃ
leɪᵹꞃeᴀᵭ ᴀɴ ꞇé ᴀ mᵬeᴀᵭ cᴜṁᴀ ɪꞃ
ꞇᴜɪꞃꞃe áɪꞃ, ᴀᵹᴜꞃ ꞇᴜᵹ ꞃé ᴀ ᴀᵹᴀɪᴅ ᴀꞃ ᴀɴ
mᵬᴜɪᴅɪɴ ṁᴀlꞃᴀċ ᴀ ᵬí ᴀᵹ ꞃúᵹꞃᴀᴅ ᴅóɪᵭ
ꝼéɪɴ ᴀꞃ ᴀɴ ɴᵹɪoᴅáɴ ꝼéɪꞃ—ᴀɴ
" ꝼᴀɪꞇċe" ᴀ ᵬeɪꞃeᴀᵭ ꞃeᴀɴ-ṁᴀɪꞇɪᴀꞃ ᴀɪꞃ
—ᴀᵹ ᴀɴ ᵹcꞃoꞃ-ᵬóꞇᴀꞃ. Ꝟí ᴀɪꞇɴe ᴀᵹ
ꞃeᴀɴ-ṁᴀɪꞇɪᴀꞃ ᴀꞃ ᵹᴀċ ᴩᴀꞇᴀɪꞃe ceᴀɴɴ-
ċᴀꞇᴀċ coꞃ-ɴoċꞇᴜɪᵹꞇe ᴀcᴀ. Níoꞃᵭ'
ꝼeᴀꞃꞃ leɪꞃ cᴀɪꞇeᴀṁ ᴀɪmꞃꞃe ᴀꞃ ᵬɪꞇ
'ɴá ᵬeɪꞇ ɪ ɴ-ᴀ ꝼᴜɪᴅe ᴀɴɴꞃɪɴ ᴀᵹ
ᵬꞃeᴀꞇɴᴜᵹᴀᵭ oꞃꞇᴀ ɪꞃ ᴀᵹ éɪꞃꞇeᴀċꞇ leo.
Ꝟí ꞃé 'ᵹá ᵹcoṁᴀɪꞃeᴀṁ, ᴀᵹ ꝼéᴀċᴀɪɴꞇ
cɪᴀ ᴀcᴀ ᴅá ċáɪꞃᴅɪᵭ ᵬí ᴀɴɴ ᴀᵹᴜꞃ cɪᴀ
ᴀcᴀ ᵬí ɪmꞇɪᵹꞇe 'ᴜɴ ᴀɴ Aɪꝼꞃɪɴɴ leɪꞃ ɴᴀ
ᴅᴀoɪɴɪᵭ ꝼáꞃꞇᴀ, ɴᴜᴀɪꞃ ᴀ ꞇᴜᵹ ꞃé ꝼá ᴅeᴀꞃᴀ
ᴩáɪꞃꞇe ɪ ɴ-ᴀ meᴀꞃᵹ ɴᴀċ ᵬꞃᴀcᴀ ꞃé ꞃɪᴀṁ

ṙoiṁe. Ṡaṙúp beaṡ ʊonn, a ṙaiʊ cóca
bán aiṙ maṙ ʙí aṙ ṡaċ malṙaċ eile,
aṡur é ṡan ḃṙóṡa ṡan caipin, maṙ
r ṡnáṫaċ le páiṙtiʊ an laṙtaiṙ. Ʊí
éaʊan an ṁalṙaiṡ reo coṁ ṙoillṙeaċ
leir an nṡṙéir, aṡur ṗactar ʊo ṗean-
ṁaiciaṙ ṡo ṙaiʊ maṙ ʙeaʊ ṡaeċe
ṙoluiṙ aṡ teaċt ó n-a ceann. An
ṡṙian aṡ lonnṙaʊ aṙ a cuiʊ ṡṙuaiṡe,
b'ḟéiʊiṙ.

Ʊí ionṡnaʊ an an ṙean-ḟean ṗá an
bpáiṙte reo ḟeiceál, maṙ níoṙ cuala
ré ṡo ṙaiʊ aon ṙcṙainṙéaṙa! taṙ éir
teaċt aṙ an mbaile. Ʊí ré aṙ tí ʊul
aṇonn aṡur ʊuine ʊe na ṙṡuṙaċaiʊ
beaṡa a ċeiṙtniuṡaʊ i n-a ċaoiʊ,
nuaiṙ a cuala ré ṡleo ir ṡliaʊaṙ na
nʊaoine aṡ teaċt a ʙaile ó'n
aiṙṙeann. Níoṙ aiṙiṡ ré an uaiṙ aṡ
rleaṁnuṡaʊ taiṙiṙ ṗaiʊ ir ʙí a áiṙʊ
aṙ cleaṙaiʊ na nṡaṙúṙ. Ʊeannuiṡ
cuiʊ ʊe na ʊaoiniʊ ʊó aṡ ṡaʙáil taiṙiṙ
ʊoiʊ ir ʙeannuiṡ reiṙean ʊóiʊ-ṙean
ṅuaiṙ a tuṡ ré ṙúil aṙ an ṙṡata
malṙaċ aṙíṙ, ní ṙaiʊ an páiṙce
ʊeoṙata i n-a meaṙṡ.

Aᵾ Oomᵾaċ ı n-a ᵭiaıᵭ rıᵾ ᵬí
reaᵾ-Ṁaıᵼıar ı n-a ᵮuıᵭe ᵹe ᵾaır a
ᵭoraır, mar ᵭa ᵹᵾáᵼaċ. Uí an poᵭaᵹ
baıᵹıᵹᵼe rıar ċuıᵹ an Aıᵮᵮeann. Uí
an ᵭ᷒ream óᵹ aᵹ rıᵼeaċᵼ ır aᵹ caıᵼ-
eaṁ ᵹéım ar an ᵬᵮaıᵼċe. Aᵹ rıᵼeaċᵼ
ır aᵹ caıᵼeaṁ ᵹéım ı n-a ᵬᵮoċaır ᵬí
an páırᵼe ᵭeoraᵼa. U'ᵮéaċ Maıᵼıar
aır an ᵮeaᵭ ı ᵬᵮaᵭ, mar ᵼuᵹ ré ᵼaıᵼ-
neaṁ a ċroıᵭe ᵭó ı nᵹeaᵹᵹ ar áıᵹneaċᵼ
a ᵮearran aᵹur ᵹıᵹe a éaᵭaın. Sa
ᵭeıreaᵭ ᵹᵹaoıᵭ ré anaᵹᵹ ar ᵭuıne ᵭe
na buaċaıᵹᵹıᵬ beaᵹa.

" Cıa ᵷé an maᵹraċ úᵭan ᵮeıcım ın
ᵭur mearᵹ ᵹe coıcᵼıᵹır, a Ċóıᵹín?" ar
reırean—"é rın a ᵬᵮuıᵹ an cᵹoıᵹeann
ᵭonn aır,—aċᵼ ᵮaınıc naċ ᵭán-ruaᵭ
aᵼá ré : níᵹ a ᵮıor aᵹam an ᵭuᵭ nó
rıonn é 'r an caoı a ᵬᵮuıᵹ an ᵹrıan aᵹ
rᵹaᵹᵹaᵭ aır. An ᵬᵮeıceann ᵼú anoır
é—é rın aᵼá aᵹ rıᵼ ċuᵹaınn ? "

" Sın é Íoᵇaᵹán," aᵭeır an rᵹuraċ
beaᵹ.

" Íoᵇaᵹán ? "

" Sın é an ᵼ-aınm a ᵼuᵹar ré aır
ᵮéın."

" Cıa ᵭán ᵭıoᵭ a ? "

" Níl a fíoꞅ aᵹam, act veiꞅ ꞅé ᵹo
bꝥuil a Àtaiꞅ i n-a Ríᵹ."

" Cé ᵹcoṁnuiᵹeann ꞅé? "

" Níoꞅ inniꞅ ꞅé é ꞅin ꞅiaṁ vúinn,
act veiꞅ ꞅé nac ꝥava uainn a teac."

" An mbíonn ꞅé i n-éinviᵹ lib ᵹo
minic ?"

" Bíonn, nuaiꞅ a bíoꞅ ꞅinn aᵹ cait-
eaṁ aimꞅiꞅe vúinn ꝥéin maꞅ ꞅeo.
Act imtiᵹeann ꞅé uainn nuaiꞅ a taᵹaꞅ
vaoine ꝥáꞅta ꞅa látaiꞅ. Ꝥeac! tá
ꞅé imtiᵹte ceana !"

Bꞅeatnuiᵹ an ꞅean-ꝥeaꞅ, aᵹuꞅ ní
ꞅaib ann act na malꞅaiᵹ a ꞅaib aitne
aiᵹe oꞅta. Bí an Páiꞅte aꞅ a vtuᵹ an
ᵹaꞅúiꞅín " ÍoꞅaᵹÁn " aꞅ iaꞅꞅaiv. An
nóiméav céavna cluineav ꞅotꞅam iꞅ
toꞅmán na nvaoine aᵹ ꝥilleav ó'n
Aiꝥꞅeann.

An céav Voṁnac eile tuit ᵹac nív
amac víꞅeac maꞅ tuit an vá Voṁnac
ꞅoiṁe ꞅin. Bailiᵹ an pobal ꞅian maꞅ
ba ᵹnátac aᵹuꞅ ꝥáᵹav an ꞅean-ꝥeaꞅ
aᵹuꞅ na páiꞅtí leo ꝥéin aꞅ an moaile.
Tuᵹ cꞅoive ꝥean-Ṁaitiaiꞅ léim i n-a

Lár nuaiṁ a ċonnaic ré an Páiṁce
Neaṁḋa i n-a meaṁg aṁíṁ.

D'éiṁiġ ré. Cuaiḋ ré anonn aguṁ
ṁeaṁ ré i n-a aice. Taṁ éiṁ tamaill i
n-a ṁeaṁaṁ ḋó gan connuiġe, ṁín ré a
ḋá láiṁ ċuige aguṁ laḃaiṁ ré ḋe ġlóṁ
íṁeal—

" A Íoṁaġáin !"

Cuala an leanḃ é aguṁ táinig ré
ċuige aṁ ṁiċ.

" Taṁ i leiṫ iṁ ṁuiḋ aṁ mo ġlúin go
ṁóillín, a Íoṁaġáin."

Cuiṁ an Páiṁce a láiṁ i láiṁ tanaiḋ
ċnapaiġ an tṁean-ṁiṁ aguṁ tṁiall-
aḋaṁ coṁ aṁ ċoiṁ tṁeaṁna an ḃótaiṁ.
Suiḋ ṁean-Maitiaṁ aṁ a ċaṫaoiṁ aguṁ
taṁṁaing Íoṁaġán le n-a ḃṁollaċ.

" Cé gcoṁnuiġeann tú, a Íoṁaġáin ?"
aṁ ṁeiṁean, aġ laḃaiṁt óṁ íṁeal i
gcoṁnaiḋe.

" Ní ṁaḋa aṁ ṁo moṫeaċ. Caḋ ċuige
naċ ḋtagann tú aṁ ċuaiṁt ċugam ? "

" Ḃeaḋ ṁaitċíoṁ oṁm i ḋteaċ
ṁíoġḋa. Innṁiġteaṁ ḋom go ḃḟuil
t'ataiṁ i n-a Ṁíġ."

" Iṁ é Áṁḋ-Ṁí an Ḋoṁain é. Aċt
níoṁ ġáḃaḋ ḋuit ṁaitċíoṁ a ḃeit oṁt

ҏoiṁe. Tá ҏé lán ᴅe tҏócaiҏe iҏ ᴅe
ҕҏáᴅ."

"Iҏ ḃaoҕlaċ liom náҏ ċoinҕḃiҕ me
a ḋliҕe."

"Iaҏҏ maiteaṁnaҏ aiҏ. ᴅéanҏaᴅ-
ҏa iҏ mo ṁátaiҏ eaᴅaҏҕuiᴅe aҏ ᴅo
ҏon."

"Iҏ tҏuaҕ liom naċ ḃҏaca mé
ҏoiṁe ҏeo tú, a Ioҏaҕáin. Cé ҏaiḃ
tú uaim?"

"Ḃi mé annҏo i ҕcoṁnaiᴅe. Ḃim
aҕ taiҏteal na mḃótaҏ iҏ aҕ ҏiuḃal
na ҕcnoc iҏ aҕ tҏeaḃaᴅ na ᴅtonn.
Ḃim i láҏ an ҏoḃail nuaiҏ cҏuinniҕ-
eaҏ ҏiaᴅ iҏteaċ i mo Ċeaċ. Ḃim i
meaҏҕ na ḃҏaiҏti ҏaҕaҏ ҏiaᴅ i n-a
nᴅiaiᴅ aҕ cleaҏaiᴅeaċt aҏ an
tҏҏáiᴅ."

"Ḃi miҏe ҏó-ҏaitċeaċ—nó ҏó-uaiḃ-
ҏeaċ—le ᴅul iҏteaċ i ᴅo teaċ, a
Ioҏaҕáin; aċt ҏuaiҏ mé i meaҏҕ na
ḃҏáiҏti tú."

"Níl aon am ná áit ᴅá mḃíonn
páiҏti aҕ ҏúҕҏaᴅ ᴅóiḃ ҏéin naċ
mḃím-ҏe i n-a ḃҏoċaiҏ. Amannta
ċíonn ҏiaᴅ mé; amannta eile ní
ҏeiceann."

" Ní ḟaca mire ṛiaṁ ṫú ᵹo oʈí Le
ᵹoiṛio."

" Bíonn na ᴅaoine ḟáṛʈa ᴅaLL."

" Aᵹuṛ i n-a ᴅiaiᴅ ṛin ᵹeaLLaᴅ ᴅom
ṫú ḟeiceáL, a Ioṛaᵹáin ? "

" Ṫuᵹ m'Aʈaiṛ ceaᴅ ᴅom mé ḟéin
a ḟoiLLṛiuᵹaᴅ ᴅuiʈ ᴅe ḃṛíᵹ ᵹuṛ ṫuᵹ
ṫú ᵹṛáᴅ ᴅá ṗáiṛʈiḃ beaᵹa."

Cluineaᴅ ᵹLóṛʈa na nᴅaoine aᵹ
ḟiLLeaᴅ ó'n Aiḟṛeann.

" Caiʈḟiᴅ mé imṫeaċʈ anoiṛ uaiʈ."

" Leiᵹ ᴅom imeaLL ᴅo cóʈa a
ṗóᵹaᴅ, a Ioṛaᵹáin."

" Déan."

" An ḃḟeicḟiᴅ mé aṛíṛ ʈú ? "

" Feicḟiṛ."

' Cia an uaiṛ ? "

" Anoċʈ."

Leiṛ an ḃḟocaL ṛin ḃí ṛé imʈiᵹʈe.

" Feicḟiᴅ mé anoċʈ é ! " aṛṛa ṛean-
ṁaiʈiaṛ aᵹuṛ é aᵹ ᴅuL iṛʈeaċ ṛa ʈeaċ.

Ṫáiniᵹ an oiᴅċe ḟLiuċ ṛʈoiṛmeaṁaiL.
Cluineaᴅ na ʈonnʈṛaċa móṛa aᵹ
oṛiṛeaᴅ Le ḟuaṁán i n-aᵹaiᴅ an
cLaᴅaiᵹ. Ḃí na cṛainn ʈaṛʈ ʈimċeaLL
an ʈeaċ an ṗoḃáiL aᵹ Luaṛᵹaᴅ iṛ aᵹ

lúḃaḋ le neaṙt na ʒaoiṫe. (Tá an
ṙéipéal aṙ áṙḋán ʒ̇ʃa aʒ tuitim le
ṙánaiḋ ṙíoṙ ʒo ṙaiṙṙʒe). Ḃí an tátaiṙ
Seaʒán aṙ tí a leaḃaṙ a ḋúnaḋ aʒuṙ
a paiḋṙín a ṙáḋ nuaiṙ a ċuala ṙé an
toṙann maṙ a ḃeaḋ ḋuine aʒ bualaḋ
an ḋoṙaiṙ. Ḋ'éiṙt ṙé aṙ ṙeaḋ ṙʒataiṁ.
Ċuala ṙé an toṙann aṙíṙ. Ḋ'éiṙiʒ ṙé
ó'n teiniḋ, ċuaiḋ ʒo ḋtí an ḋoṙaṙ, aʒuṙ
ḋ'oṙʒail é. Ḃí ʒaṙún beaʒ ṙiṙ i n-a
ṙeaṙaṁ aṙ lic an ḋoṙaiṙ—ʒaṙún náṙ
ċuiṁneaċ leiṙ an ṙaʒaṙt a ṙeiceál ṙiaṁ
ṙoiṁe. Ṁí cóta bán aiṙ aʒuṙ é ʒan
ḃṙóʒa ʒan caipín. Ṙactaṙ ḋo'n
tṙaʒaṙt ʒo ṙaiḋ ʒaeṫe ṙoluiṙ aʒ
lonnṙaḋ ó n-a ʒnúiṙ aʒuṙ timċeall a
ṁullaiʒ. An ʒealaċ a ḃí aʒ taiṫneaṁ
aṙ a ċaoṁ-ċeann ḋonn, ḋ'ṙéiḋiṙ.

"Cia tá annṙo aʒam?" aṙṙ' an
tátaiṙ Seaʒán.

"Cuiṙ oṙt cóṁ tapaiḋ 'ṙ iṙ ṙéiḋiṙ
leat é, a Ɐaṫaiṙ, iṙ buail ṙoiṙ ʒo ḋtí
teaċ ṙean-Ṁaitiaṙ. Tá ṙé i mbéalaiḋ
báiṙ."

Níoṙ teaṙtuiʒ an ḋaṙa ṙocal ó'n
ṙaʒaṙt.

"Suiḋ annṙo ʒo mbiḋ mé ṙéiḋ,"

an reirean. Act nuair a táinig ré tar
air, bí an teactaire beag imtigte.

Buail an tátair Seagán bótar,
agur níoró' fada a bain ré ar, cé go
raib an gaot i n-a agaid, agur é ag
báirtig go trom. Bí rolur i dteac
rean-Maitiair roime. Bain ré an
lairte de'n dorar ir cuaid irteac.

"Cia hé reo cugam?" arr' an gut
ó leabaid an trean-fir.

"An ragarc."

"Bad mait liom labairt leat, a
Atair. Suid annro lem' air." Bí
an gut fann agur táinig na focla go
mall uaid.

Suid an ragarc agur cuala rgéal
rean-Maitiair ó túr deiread. Cia an
bit pún a bí i gcroide an trean-duine
noctad do reinbíreac Dé annrir
i lár na hoidce é. Nuair a bí an
faoirtean tart glac rean-Maitior
Corp Críort agur cuiread an Ola
Déideannac air.

"Cia dubairt leat go raib tú ag
teartáil uaim, a Atair?" an reirean
de glór lag íreal, nuair a bí gac níd
déanta. "Bí mé ag suide Dé go

ᴅ̇tiocfá, aċt ní ṛaiḃ aon teaċtaiṛe aᵹam le cuṛ fá ᴅo ḋéin."

"Aċt ċuiṛ tú teaċtaiṛe ċuᵹam, aṛ nᴅóiᵹ?" aᴅeiṛ an ṛaᵹaṛt aᵹuṛ ionᵹnaḋ móṛ aiṛ.

"Níoṛ cuiṛeaṛ."

"Níoṛ cuiṛiṛ? Aċt táiniᵹ ᵹaṛúiṛín beaᵹ aᵹuṛ buail ṛé aṛ mo ḋoṛaṛ aᵹuṛ ᴅuḃaiṛt ṛé liom ᵹo ṛaiḃ mo ċonᵹnaṁ aᵹ teaṛtáil uait!"

ᴅ̇iṛiᵹ an ṛean-ḟeaṛ aniaṛ ṛa leaḃaiḋ. Ḃi ṛaoḃaṛ i n-a ṛúiliḃ.

"Cia an ṛoṛt ᵹaṛúiṛín a ḃí ann, a Ataiṛ?"

"Buaċaillín beaᵹ caoin a ṛaiḃ cóta bán aiṛ."

"An tuᵹ tú fá ᴅeaṛa maṛ ḃeaḋ ṛᵹáile ṛoluiṛ taṛt timċeall a ċinn?"

"Tuᵹaṛ, aᵹuṛ cuiṛ ṛé ionᵹnaḋ móṛ oṛm."

ᴅ̇'ḟeaċ ṛean-Ṁaitiaṛ ṛuaṛ, táiniᵹ meanᵹaḋ ᵹáiṛe aṛ a ḃéal, aᵹuṛ ṛin ṛé amaċ a ḃá láiṁ,—

"Íoṛaᵹán!" aṛ ṛeiṛean.

Leiṛ an ḃfocal ṛin tuit ṛé ṛiaṛ aṛ an leaḃaiḋ. ᴅ̇ṛuiᴅ an ṛaᵹaṛt anonn ᵹo ṛocaiṛ aᵹuṛ ḋún a ṛúile.

(A ċṛíoċ ṛin).

An

Sazart.

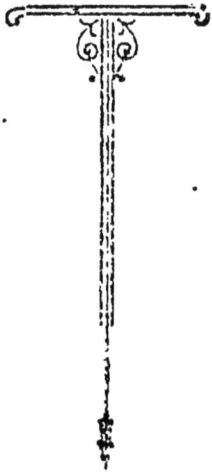

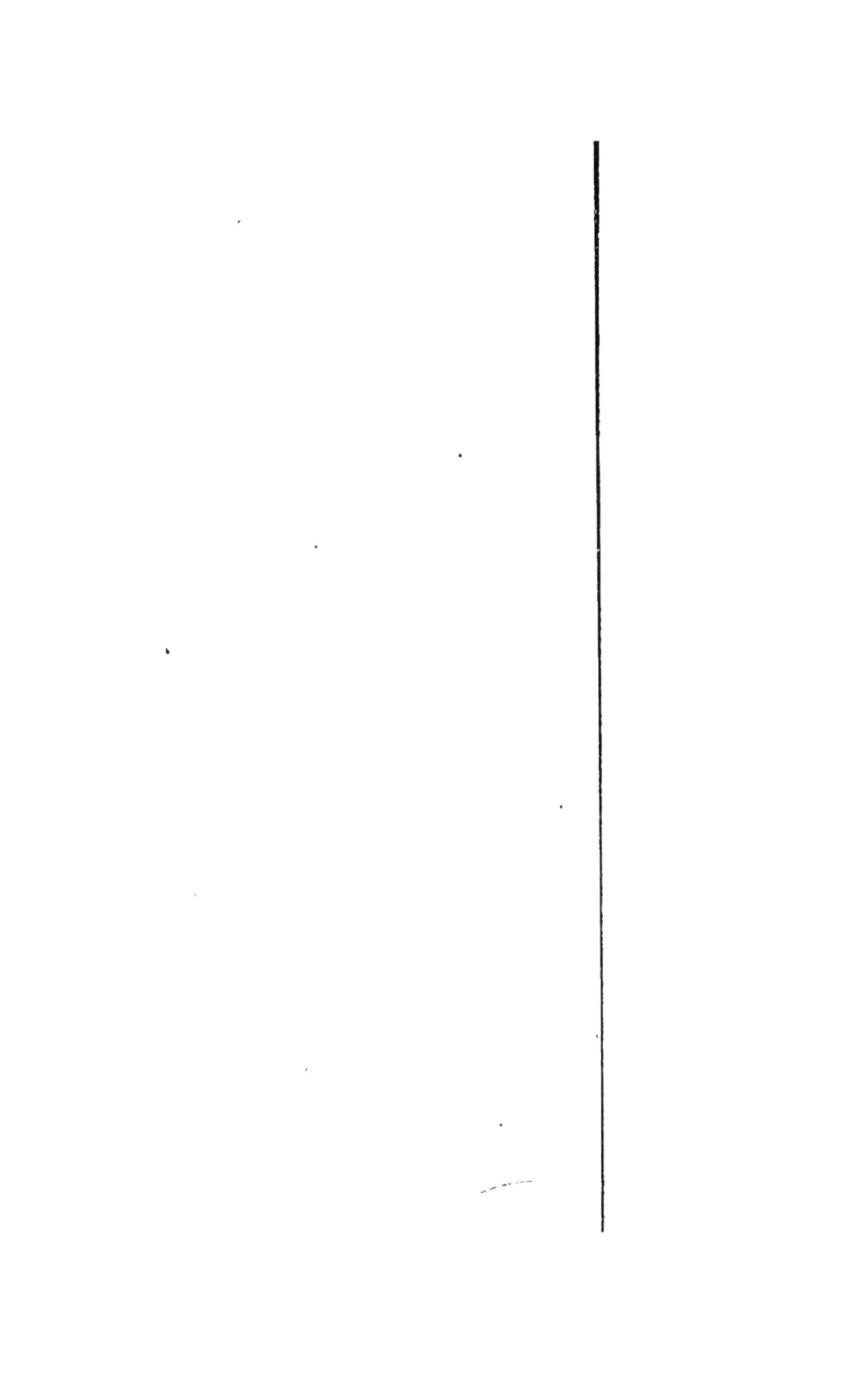

an Sagart.

Is insa teac beag úd d'feicfeá sa ngleann síos uait, agus tú ag dul siar an bótar ó'n nGort Mór go hInbear, atá comhnaide ar mo Sagart. É féin is a mátair is a deirbriúr beag is a dearbráitrín beag bídeac, sin a bfuil de comhluadar ann. Caillead an t-atair sul a rugad Taimín, an leanb is óige aca. Níl aon am dá mbím i Ros na gCaorac nac gcaitim tráthnóna nó dó i n-a bfocair, mar tá an Sagart agus Máirín (an deirbriúr beag) agus Taimín ar na cáirdib is dílse dá bfuil agam. Bean óigeanta aclaide 'seadh mátair an tSagairt; tá sí roinnt taodac, b'féidir, act má tá féin tá sí i n-a mnaoi comh cartannac is atá beo i n-a diaid sin. Is í a d'innis an sgéal so dom tráthnóna dá rabas ar cuairt aici. Bhí sí ag nigeacán an tSagairt os comhair na teinead an fead na haimsire· Dabac mór uirge leagta ar an urlár

aici, aɴ Saꞃaꞃꞇ aꞃuꞃ a ċuɪꝺ éaꝺaɪꞃ
baɪɴꞇe ꝺe, aꞃuꞃ í aꞃ ꞃꞃɪúꞃaꝺ ɪꞃ aꞃ
cáꞃꝺáɪl ꞃaċ oꞃꞇaċ ꝺá ċoꞃp. Ꞇá aɪm-
ꞃeaꞃ oꞃm ɴáꞃ ꞇaɪꞇɴɪꞃ aɴ obaɪꞃ ꞃeo ꞃo
ꞃó-ṁaɪꞇ leɪꞃ aɴ Saꞃaꞃꞇ, maꞃ aɴoɪꞃ ɪꞃ
aꞃíꞃ ċuɪꞃeaꝺ ꞃé béɪc aꞃ. le ꞃaċ béɪc
ꞇuꞃaꝺ a ṁáꞇaɪꞃ ꝺoꞃóꞃ ꝺeaꞃ ꝺó aꞃuꞃ
ꞇaꞃ 'éɪꞃe ꞃɪɴ póꞃaꝺ ꞃí é. Ɪꞃ ꝺeacaɪꞃ
ꝺo ṁáꞇaɪꞃ a láṁ a ċoɪꞃꞃeaꝺ ó páɪꞃꞇe
ɴuaɪꞃ a ꝺíoꞃ ꞃé noċꞇuɪꞃꞇe aɪcɪ ; aꞃuꞃ
baꝺ ꝺeacꞃa 'ɴá ꞃɪɴ ꝺo ṁáꞇaɪꞃ ċoṁ
ꞃꞃáꝺṁaꞃ leɪꞃ aɴ máꞇaɪꞃ ꞃeo a béal a
ċoɪꞃꞃeaꝺ ó béɪlíɴ beaꞃ ꝺeaꞃꞃ ċoṁ
mɪlɪꞃ lé béɪlíɴ Páꞃaɪc (Páꞃaɪc aɪɴm
mo Saꞃaɪꞃꞇ, ꞇá a ꞃɪoꞃ aꞃaꞇ). baꝺ
ceaꞃꞇ ꝺom a ꞃáꝺ ɴaċ ꞃaɪb aɴ Saꞃaꞃꞇ
aċꞇ oċꞇ mblɪaꝺɴa ꞃóꞃ. ba ꝺeaꞃ aɴ
ꞇ-áɪlleáɴ é ɪ ɴ-a ꞃeaꞃaṁ aɴɴꞃɪɴ aꞃuꞃ
ꞃoluꞃ ɴa ꞇeɪɴeaꝺ aꞃ ꞃꞃaɪꞃꞇeaꝺ aꞃ
a ċolaɪɴɴ ċoṁ-ꝺéaɴꞇa ɪꞃ aꞃ a ċloɪꞃ-
eaɴɴ caꞇaċ, aꞃuꞃ aꞃ ꞃɪɴɴce ɪ ɴ-a
ꞃúɪlɪꝺ ꞃlaꞃa ꞃáɪꞃeaꞇa. Ɲuaɪꞃ a
ꞃmaoɪɴɪꞃɪm aꞃ Páꞃaɪc, ɪꞃ maꞃ ꞃɪɴ a
ꞃeɪcɪm oꞃ mo ċoṁaɪꞃ é, ɪ ɴ-a ꞃeaꞃaṁ
aꞃ aɴ uꞃláꞃ ɪ lóċꞃaɴɴ ɴa ꞇeɪɴeaꝺ.

Aċꞇ ɪ ꝺꞇaoɪꝺ aɴ ꞃꞃéɪl. Ꞇuaɪꞃɪm ɪꞃ
blɪaꝺaɪɴ ꞃoɪṁe ꞃeo 'ꞃeaꝺ ꞇuɪꞇ ꞃa

αmαċ. Ꝺí Nópα (αn máταιρ) αζ
obαιρ αρ ρυꝺ αn τιζε. Ꝺí Máιρín ιρ
Cαιmín αζ ρúζραꝺ ꝺóιꝺ ꝼéιn αρ αn
υρláρ. "Ꝼρomρó Ꝼραmρó" α Ꝺí αρ
ριυbαl αcα. Ꝺí Máιρín α ꝺ'ιαρραιꝺ
nα ꝼoclα α ṁúιneαꝺ ꝺo Cαιmín, ρυꝺ α
Ꝺí αζ cliρeαꝺ υιρτι, σας ⁊ ní ραιꝺ αon
cαιιnτ αζ Cαιmíι ζο ꝼóιll. Cá α
ꝼιoρ αζατ nα ꝼoclα, ιρ ꝺóιζ?—ιρ ꝼιú
ιαꝺ ꝼoζlαιm mαρ τá ꝼιορ-ꝼιlιꝺeαċτ
ιonnτα :—

"Ꝼρomρó Ꝼραmρó,
Ꝺeαn α ꝺαιmρeoċαꝺ,
α ꝺéαnꝼαꝺ ζρeαnn,
α ꝺ'ólꝼαꝺ leαnn,
α ℏeαꝺ ι n-αm

ᵐⁱᵗⁱⁱⁱⁱ ⁱⁱⁱⁱⁱⁱⁱ !"

Ceαρτυιζ cαnnα υιρζe ó Nópα le
ℏαζαιꝺ cαe α ꝺéαnαṁ. Ꝺí ρé ι n-αm
ριιρéιρ.

"Cá bꝼυιl Pápαιc, α Ṁáιρín?"
αρ ριρe. "Cá ρé αρ ιαρραιꝺ le leατ-
υαιρ."

"Ċυαιꝺ ρé ριαρ ρα ρeompα, α
Ṁαιmín."

"α Pápαιc!," αꝺeιρ αn máταιρ αζ
ζlαoꝺαċ ζo ℏáρꝺ.

Níor laḃruiġeaḋ istiġ.

"'gCluin tú, a Ṗáraic!"

Níor laḃruiġeaḋ.

"Céard tá ar an ngarsún? A Ṗáraic, adeirim!" ar sise ċoṁ hárd is ḃí i n-a ceann.

"Béiḋ mé soir ar ball, a Ṁama." ars' an guṫ ó'n ṡeomra.

"Corruiġ leat, a ṁaicín. Tá sé i n-am tae, agus deaṁan deor uisge sa teaċ agam."

Ṫáinig Páraic aniar as an seomra.

"Tá tú ar fágáil sa deireaḋ. Gread leat síos—aċt céard é seo? Cé ḃfuair tú an léine sin, nó 'tuige a ḃfuil sí ort? Céard ḃí tú a ḋéanaṁ?"

Ḃí Páraic i n-a ṡeasaṁ sa doras i n-a staic. Ḃí léine feistiġṫe air os cionn a ċóitín ḃig amuiġ. Ḃreaṫnuiġ sé síos air féin. Ḃí a aġaiḋ ar dearg-lasaḋ go cluasaiḃ.

"Rinne mé dearmad í ḃaint díom, a Ṁama," ar seisean.

"'Tuige a ḃfuil sí ort ċor ar biṫ?"

Táinig Páraic amar as an seomra

"Spꞃaoıð a ðí aꞃ ꝃun aᵹam."

"Ꝃain ꝃíoc aꞃ an ꝃpuınnce í! An cꞃlac acá uaıc, cú ꞁéın aᵹuꞃ ꝃo ꞃpꞃaoıð!"

Ꝃaın Pápaıc an léıne ðe ᵹan ꝼocal, aᵹuꞃ ð'ꝼáᵹ ꞃ'aꞃ ꞃa ꞃeompa í.

"Sᵹuaꝃ leac ꞃíoꞃ ᵹo ðcí an coꝃaꞃ anoıꞃ aᵹuꞃ ꝼáᵹ canna uıꞃᵹe ðom, maꞃ a ꝃéanꝼað peaca." Ꝃí aıc-méala aꞃ Ꞃópa ceana ꞁéın ᵹuꞃ laꝃaıꞃ ꞃí com ᵹaꞃꝃ ꞃın leıꞃ. Iꞃ ꝃean í nac ꝃuan a cuıð ꝼeıꞃᵹe.

Ruᵹ Pápaıc aꞃ an ᵹcanna aᵹuꞃ laꞃᵹ leıꞃ. Cáıꞃıᵹ Mıcılín Éanna, ꝃuacaıll comuꞃꞃan, ıꞃceac ꝼaıð ıꞃ ꝃí ꞃé amuıᵹ.

"Cá ꞃé aᵹ cınnc oꞃm-ꞃa, a Mıcılín," aꞃꞃa Ꞃópa caꞃ éıꞃ ꞃᵹac-aım, "a ꝃéanaꝺ amac céaꞃꝺ a ꝃíoꞃ Pápaıc a ꝃéanaꝺ ꞃa ꞃeompa ꞃın aꞃ ꝼeað an cꞃácnóna. Ꞃí cúıꞃᵹe a ꝃınnéaꞃ caıcce aıᵹe ᵹac lá 'ná ᵹlanaꞃ ꞃé leıꞃ ıꞃceac annꞃın aᵹuꞃ ꝃıonn ꞃé aꞃ ıaꞃꞃaıð ᵹo ꞁam ꞃuıpéıꞃ."

"Spꞃaoıð eıcínc a ꝃíoꞃ aꞃ ꝃun aıᵹe," aꞃꞃa Mıcılín.

"Sin é aveiṗ ṡé héin. Aċt ní ṡa ceaċ baḋ ceaṗc vo ṁalṗac maṗ é a ḃeiṫ ṡáicce cṗáṫnóna bṗeaġ, aċt amuiġ ṡá'n aeṗ, aṡ ṡopaḋ leiṡ."

"'Aoiḃneaṡ vuine a ċoil,'" aṗṗa Miċilín, aṡ veaṗṡaḋ a ṗíopa.

"Duine ann héin 'reaḋ Páṗaic, aṗ ċuma aṗ biṫ," aveiṗ Nóṗa. "'Sé an mac iṡ concṗáilce ċonnaic cú ṗiaṁ é. Amannca ní ċiuḃṗaḋ cṗiúṗ aiṗe vó, aṡuṡ amannca eile ní aiṗeoċṫá ṡá ceaċ é."

Táiniṡ Páṗaic iṡceaċ ṡaoi ṡeo, aṡuṡ níoṗ caiunciġeaḋ a ċuilleaḋ aṗ an ṡceiṗc. Níoṗ éaluiṡ ṡé ṗiaṡ an cuṗaṡ ṡo, aċt i n-a leabaiḋ ṡin ṡuiḋ ṡé ṡaoi aṗ an uṗláṗ, aṡ imiṗc "Ṡṗomṡó Ṡṗamṡó" le Máiṗín iṡ le Caimín.

＊　　＊　　＊　　＊

Ḃí an vinnéaṗ aṗ an mboṗv nuaiṗ a cáiniṡ Páṗaic a ḃaile ó'n ṡṡoil cṗáṫnóna lá aṗ n-a ḃáṗaċ. D'iṫ ṡé a ċuiv leice aṡuṡ v'ól ṡé a naiṡin bainne ṡo buiḋeaċ beannaċcaċ. Ċoṁ luaṫ iṡ ḃí icce aṡuṡ ólca aiṡe, ċṗoċ ṡé leiṡ a ṁáilín leaḃaṗ, aṡuṡ ṡiaṗ leiṡ ṡa reompa maṗ ba ṡnáċaċ.

Níoꞃ leiȝ an mátaiꞃ uiꞃꞇi ȝo ꞃaiḃ
ꞃí aȝ cuꞃ aon ꞇꞃuim ann. Aċꞇ, ꞇaꞃ
éiꞃ cupla nóiméaᴅ, ᴅ'oꞃȝail ꞃí
ᴅoꞃaꞃ an ꞇꞃeompa ȝo ciúin, aȝuꞃ ꝺáiꞇ
baꞃꞃ a ꞃꝺóine iꞃꞇeaċ. Ní ꞇuȝ Páꞃaic
ꝼá ᴅeaꞃa í, aċꞇ ḃí amaꞃc aici-ꞃi aꞃ
ȝaċ a ꞃaiḃ aꞃ ꞃiuḃal ꞃa ꞃeompa.

Ḃ'aiꞃꞇeaċ an ꞇ-amaꞃc é. Ḃí Páꞃaic
i n-a ꞃeaꞃaṁ i n-aice an ḃuiꞃᴅ, aȝuꞃ
é ȝléaꞃꞇa ꞃan léine aꞃíꞃ. Oꞃ a
ċionn ꞃo amuiȝ, ꞃiaꞃ ꞇaꞃ a ȝuail-
niḃ, ḃí ꞃé aȝ ꝼeiꞃꞇiuȝaᴅ cóꞇa ᴅeiꞃȝ
le n-a ṁáꞇaiꞃ, a ḃíoᴅ aꞃ cꞃocaᴅ aꞃ
an mballa aici. Nuaiꞃ a ḃí ꞃé ꞃeo
cóiꞃiȝꞇe i ȝceaꞃꞇ aiꞃ, ꞇoȝ ꞃé amaċ
an leaḃaꞃ ba ṁó ᴅá ꞃaiḃ aiȝe i n-a
ṁáilín—"An ᴅaꞃa Leaḃaꞃ" a ḃí
ann, cꞃeiᴅim—ᴅ'oꞃȝail e, aȝuꞃ leaꞇ
oꞃ a comaiꞃ aꞃ an mboꞃᴅ é, i n-a
leaꞇ-luiȝe leiꞃ an ꞃȝáꞇán.

Annꞃin a ꞇoꞃuiȝ na ȝoiꞇí ᴅá ꞃiꞃiḃ.
Ṡeaꞃ Páꞃaic aꞃ aȝaiᴅ an ḃuiꞃᴅ
amaċ, ᴅ'ꝼeac a ȝlún, ċoiꞃꞃiȝ é ꝼéin,
aȝuꞃ ꞇoꞃuiȝ aiꞃ aȝ paiᴅꞃeoiꞃeaċꞇ óꞃ
áꞃᴅ. Ní ȝo maiꞇ ḃí Nóꞃa i n-ann é
ꞇuiȝꞃinꞇ, aċꞇ, ᴅe ꞃéiꞃ maꞃ ċeap ꞃí,
ḃí Laiᴅin aȝuꞃ Ȝaeᴅilȝ meaꞃȝꞇa ꞇꞃí

n-a céile aige, agur bí corp-pocal
aige nár cormail le Laroin ná le
Saedilg. Dobca amáin b'paccar ní
go gcuala rí na pocla " Frompó,
Frampó," acc ní paib rí cinnce. Dá
méro iongnad dá paib an Nópa pá'n
obair reo, ba reacc mó an c-iongnad
a bí uirci nuair a connaic rí Pápaic
ag umlugad, ag bualad a ucca, ag
dógad an duird, ag leigint air go
raib ré ag léigead urnaigte Laroine
ar " An Dapa Leabar," agur ag im-
irc gac clear a b'airrtge 'ná a céile.
Níor cuig rí i gcearc céard a bí ar
bun aige gur ionncuig ré carc agur
adubairc :—

" Dominus Vobiscum !"

" 'Sádálard Dia rinn !" ar rire
léici féin nuair a connaic rí é reo.
" Cá ré ag cur i gcéill go bfuil ré
i n-a ragarc agur é ag léigead Aif-
rinn ! Sin í cw.ird an Aifrinn acá
air, agur 'ré an leabar beag Saenilge
Leabar an Aifrinn í "

Ní árdbéil a rád go raib Nópa
rgannruigte. Cáinig rí ar air do'n
circeanaig agur ruid or comair na

ceineaḋ. Ní ṗaiḃ a ḟioṛ aici céapṫ
ḃaḋ ceapṫ ṁi a ḋéanaṁ. Ḃí ṛí ṛoiṛ
ḋá ċoṁaiṛle cia aca baḋ cópa ḋi
Ṗápaic a ċuṛ ṫṛeaṛna a ġlúine aguṛ
ṡṁoṛáil ṁaiṫ a ṫaḃaiṛt ḋó nó ṗul aṛ
a ḋá ġlúin ṗoiṁe aguṛ a ḃeannaċṫ a
iaṛṛaiḋ !

" Cá ḃḟioṛ ṗom," aṛ ṛiṛe léiṫi
ḟéin, " naċ peacaḋ uaṫḃáṛac ṗom
leiġean ṗó aiṫṛiṛ a ḋéanaṁ aṛ an
ṛaġaṛt maṛ ṛin ? Aċṫ cá ḃḟioṛ ṗom,
i n-a ḋiaiḋ ṛin, naċ naoṁ aṛ na
ḟlaiṫiṛ aṫá ṛa ṫeaċ aġam ? Aguṛ,
aṛ nṗóiġ, baḋ ṁillṫeaċ an peacaḋ é
láṁ a leaġainṫ aṛ naoṁ ! Ṡo maiṫiḋ
Ḋia ḋom é, iṛ minic a ḋ'ḟáġ mé ṗian
mo ṁéaṛ aiṛ ceana ! Ní' mé aṛ
peacaḋ ḋom é ? Ṫá mé i ṗteannṫa,
ṡo cinnṫe ! " Níoṛ ċoṗail Nóṛa néall
an oiḋċe ṛin, aċṫ aġ cuṛ na ceiṛṫe
ṛeo ṫṛi ċéile.

. . . . .

Maiṗin lá aṛ n-a ḃáṛaċ, coṁ
ṫúiṛġe iṛ ḃí Ṗápaic ġlanṫa leiṛ cum
ṛġoile, cuiṛ Nóṛa an ġlaṛ aṛ an
ṗoṛaṛ, ṗ'ḟáġ an ḋá ṗáiṛṫe óġa ṛá
cúṛam máṫaṛ Ṁicilín, aguṛ buail an

oótαρ ζο Roρ nα ζCαοραċ. Níoρ
ḃαin ρí méαρ₁ṿα ρρóin nó ζυρ tuζ
ρí teαċ αn tραζαιρt ṗoḃαιl ṽι ṗéin
αζυρ ζυρ innιρ α ρζéαlα ó túρ ṽειρεαṽ
ṽo'n Αtαιρ Rónán. Ní ṽεαρnα αn
ραζαρt αċt meαnζαṽ ζáιρε, αċt ḃí
Ꮺóρα lειρ nó ζυρ ḃαin ρí ζεαllαṽ ṽε
ζο nζαṽṗαṽ ρé αn ḃótαρ αmαċ ċυιcι
αn τρátnónα ριn. lαρζ léιtι α ḃαιle
αnnριn ζο ρáρtα.

Níoρ ċυρ αn ραζαρt υιρtι. Ḃυαιl
ρé ιρteαċ ċυιcι ρα tρátnónα. Τρát-
αṁαιl ζο leoρ, ḃí Ṗáραιc ρα ρεomρα
αζ "léιζεαṽ Αιṗριnn."

"Αρ t'αnαm ιρ ná lαḃαιρ, α Αtαιρ!"
αρρα Ꮺóρα. "Τá ρé ιρtιζ."

Τéαlυιζ αn ḃειρt αρ ḃαρρ α ζcoρ
αnonn ζο ṽtí ṽoραρ αn tρεοmρα.
Ṽεαρcαṽαρ ιρteαċ. Ḃí Ṗáραιc ζléαρ-
tα ραn léine αζυρ ραn ζcótα ζο
ṽίρεαċ mαρ ḃí αn lá ρoιṁe ριn, αζυρ
é αζ ζυιṽε ζο ṽεαζṁóιṽεαċ. Šεαρ
αn ραζαρt ρζαtαṁ αζ ḃρεαtnυζαṽ
αιρ.

Ṗá ṽειρεαṽ, ṽ'ιonntυιζ mo ṽυιne
tαρt, αζυρ αζ tαḃαιρt αιζte αρ αn
ḃροḃαl, mαρ 'ṽεαṽ—

" *Orate. fratres,*" an reirean
amaċ or áıro.

Le linn é reo a ráṫ, connaic ré a
máṫair agur an ragarc ra ḃorar.
Ḃearg ré agur fear gan coppuıge.

" Gaḃ ı leic annro ċugam," aoeıp
an cáṫaıp Rónán.

Cáınıg Páparc anall go raıcċeaċ

" Céaro é reo acá an bun agac ? "
arr' an ragarc.

" Ḃı mé ag léıgeaṫ Aıffınn, a
Aṫaıp," arra Páparc. Ouḃaıpc ré an
méıro reo go cúṫaıl, aċc ba leıp nár
ceap ré go raıḃ aon ceo ar an
mbealaċ ṁéanca aıge—agur ar
noóıg, ní mó ḃí. Aċc ḃı Nóra ḃoċc
ar craıceaṫ le raıcċíor.

" Ná ḃı ró-ċruaıṫ aıp, a Aṫaıp,"
ar rıre,—" níl ré aċc óg."

Leag an ragarc a láṁ go héaro-
crom ar ċeann bán an rcóıcín, agur
laḃaıp ré go cıúın cnearca leır.

" Cá tú ró-óg fór, a Páparcín,"
aoeıp ré, " le ḃeıc ı oo ṙagarc, agur
níl ré geallca o'éınne aċc oo ṙag-
arc Oé an cAıffeann a ráṫ. Aċc
cogar ı leıc agam. An ṁaıc leac ḃeıc

aɼ ſriotáil an Aiﬃnn Ḋia Ḋoṁnaiġ?"

Lar ſúile Ṗáraic aɼuſ ḃearɼ a ɼnuaḋ aniſ, ní le cútaileaċt an turaſ ro aċt le ḃarr ﬁméiḋ.

" Óra, baḋ ṁait, a Ataiṙ," aſ reireán; "níl ﬁuḋ aſ ḃit a b'ſearr liom."

" Ḋéanſaiḋ ſin," aſſ' an ſaɼart. " Feicim ɼo ḃſuil cuiḋ ḋe na ﬁaiḋreaċaiḃ aɼat ċeana."

" Aċt, a Ataiṙ, a ṁúiﬂín,—" aſſa Ḃriġiḋ, aɼuſ ſtop maſ ſin ɼo hoḃann.

" Céaḋ tá anoiſ oſt ?" aḋeiſ an ſaɼart.

" Ḃrírte ná bróɼa níoſ ċait ſé ſór!" aſ riſe. " Iſ luat liom ḃrírte a ċuṙ aiſ ɼo—— "

Sɼaiſt an ſaɼart áɼ ɼáiriḋe.

" Níoſ ċuala mé ﬁaṁ," aſ reireán, " ɼo ſaiḃ call le ḃrírte. Cuiﬂimiḋ caróiɼín ḃeaɼ oſ cionn a ċóta amuiɼ aiſ, aɼuſ miſe 'mo ḃannaiḃ ɼo ſaċaiḋ ſé ɼo ḋearſ ḋó. Maiḋiſ le ḃróɼaiḃ, tá péiſe aɼainn a ḋ'ſáɼ Máiṙtín an Iarɼaiſe 'n-a ḋiaiḋ nuaiſ a ċuaiḋ ſé ɼo ḋtí an Cloċán Ḃléaſ-

ḟamuiḋ i ġceanc cú, a Páraic, níl
baoġal," ar reirean   Aġur mar rin
a rocruiġeaḋ é.

.   .   .   .   .

Nuair a ḃí an raġarc imċiġce ċrom
an máċair aġur póg a ṁaicín.

"Mo ġráḋ cú!" ar rire.

Aġ dul a ċodlaḋ di an oiḋċe rin,
b'iad na focla deiriḋ adubairc rí
léici féin: "Béiḋ mo ṁaicín i n-a
raġarc! Aġur cá ḃrior dom," ar
rire aġ dúnaḋ a rúl di, "cá ḃrior
dom naċ i n-a earpog a ḃeaḋ ré
amaċ annro!"

(A ċríoċ rin)

Bairbre.

Dairbre.

Ní raib Dairbre ró-ḟlaċṁar an lá
a b'ḟearr a bí rí. D'aoṁóċaḋ éinne
an méiḋ rin. An céaḋ cár ḋe, bí rí
ġeaṁ-ċaoċ. Déarḟá, le breaṫnuġaḋ
uirṫi, ġo raib rí ar leaṫ-ṙúil. Níor
ġéill Briġiḋín riaṁ ġo raib, áṁṫaċ.
Uair aṁáin ḋá nḋubairt cailín beaġ
eile, le corp uilc ar an mbeirt aca,
naċ raib aġ Dairbre aċt "leaṫ-ṙúilín
caoċ ar nór cuit an táilliúra," dub-
airt Briġiḋín ġo fearġaċ ġo raib a
ḋá ṙúil aġ Dairbre coṁ maiṫ le ḋuine,
aċt ġurab aṁlaiḋ bíoḋ leaṫ-ṙúil
dúnta aici, mar ġo mbaḋ leor léiṫi
an t-aon ċeann aṁáin (bíoḋ ir ġo
mba ceann caoċ í) le haġaiḋ a cuiḋ
ġnóṫa a ḋéanam. Bíoḋ rin mar atá,
ní féidir a ċeilt ġo raib plaitín innti;
aġur fáġaim lem' air naċ dear an
ruḋ plaitín i n-óġ-ṁnaoi. Ruḋ eile,
bí rí i n-a balbán; nó baḋ cirte ḋom
a ráḋ nár labair rí le héinne riaṁ
aċt le Briġiḋín aṁáin. Má b'ḟíor
do Ḃriġiḋín, bí teanġa blarta Ġaeḋ-

ilᵹe aici aᵹur ḃí a cuiᵭ rmaoinᵭe aṛ
ailneaċᵭ an ᵭoṁain. Ní ᵹo maiᵭ ḃí
rí i n-ann riuḃal, ċaṛ é ḃí rí aṛ leaᵭ-
ċoiṛ aᵹuṛ ḃí an leaᵭ-ċoṛ rin féin
ḃriᵭᵭe. Ḃí ᵭá ċoir aici ᵭṛáᵭ, aċc ᵭ'iᵭ
an ᵹaᵭaṛ ceann aca, aᵹur ḃrireaᵭ an
ceann eile ran aiᵭ aṛ ċuiᵭ rí ᵭe ḃaṛṛ
an ᵭṛuiṛaiṛ

Aċc cia hí Ḃaiṛoṛe, aṛṛa cura, nó
cia hí Ḃríᵹiᵭín? 'Si Ḃríᵹiᵭín an
ᵹiṛṛeaċ beaᵹ nó, maṛ aᵭéaṛṛaᵭ rí
féin, an ᵹaṛúiṛín beaᵹ mná, aᵭá i n-a
coṁnaiᵭe ra ceaċ ir ᵹoiṛe ᵭo ceaċ an
ṁáiᵹirᵭiṛ,—aṛ ᵭaoiḃ na ciocóiᵹe an
nᵭóiᵹ, aᵹ ᵭul roiṛ an bóċaṛ ᵭuiᵭ.
Ir corṁail ᵹo n-aiᵭniᵹeann ᵭú anoir
í? Muna n-aiᵭniᵹir, níl neaṛc aᵹam-
ra oṛc. Níoṛ ċualar riaṁ cia ᵭáṛ
ᵭíoᵬ í, aᵹur ᵭuḃaiṛc rí féin liom
naċ ḃfuil ᵭ'ainm aṛ a haċaiṛ aċc
"Ḃeaiᵭe." Maiᵭir le Ḃairḃre,—
'reaᵭ, ᵭá ré coṁ maiᵭ aᵹam eaċcra
aᵹur imᵭeaċᵭa Ḃairḃre innreaċc ᵭuiᵭ
ċríᵭ ríor.

EAĊCRA ḂAIRḂRE ANNSO.

Lá ᵭáṛ éiriᵹ máċair Ḃríᵹiᵭín. ᵭuᵹ
rí a mḃriṛfarᵭa ᵭo Ḃríᵹiᵭín aᵹur ᵭá

ḣaṫair, do'n ġaḋar, do'n ċuiṫín, do
na ṡamnaiḃ, do na cearcaiḃ, do na
ġeaḋaiḃ, do na laċain, aṡur do'n
rpideoiṡín a ṫaṡaḋ ṡo dtí an doṙar
am ḃricṙarta ṡaċ uile ṁaidin. Nuair
a ḃí an méid rin déanta aici d'iṫ rí a
ḃricṙarta ṙéin. Annrin toruiṡ rí 'ṡá
ṡléaraḋ ṙéin le haṡaiḋ an ḃóṫair

Ḃí Ḃriṡidín i n-a ruiḋe ar a rtóilín
ṙéin ṡan ṙmid airti, aċt í aṡ cur na
rúl trí n-a máṫair. Sa deireaḋ ṫiar
ṫall laḃair rí :—

"Ḃḟuil Mama aṡ imṫeaċt ó Ḃriṡ-
idín ?"

"Níl, a rtóir. Tiocṙaiḋ Mama
arír tráṫnóna. Tá rí aṡ dul ṡo
Ṡailliṁ."

"Ḃḟuil Ḃriṡidín aṡ dul ann
ṙreirin ?"

"Níl, a ċuid. Tá an bealaċ ro-
ṙada aṡur ḃeaḋ mo cailín beaṡ
tuirreaċ. Ṙanṙaiḋ rí ra mbaile aṡ
déanaṁ rpraoiḋ di ṙéin, mar a ḃéan-
ṙaḋ cailín maiṫ. Naċ ḃṙanṙaiḋ ?"

"Ṙanṙaḋ."

"Ní raċaiḋ rí amaċ ar .n triáid ?"

"Ní raċaiḋ."

D

"Ꞇiocꜰaiᵭ ᵭeaiᵭe iꞃꞇeaċ am ᵭinn-
éiꞃ aᵹuꞃ béiᵭ béile aᵹaiꞔ le céile.
Ꞇaᵭaiꞃ póᵹ ᵭo ṁama anoiꞃ."

Ꞇuᵹaᵭ an póᵹ aᵹuꞃ ꞔí an ṁáċaꞃ aᵹ
mꞇeaċꞇ. Ꝑꞃeaꞔ Ꞔꞃíᵹiᵭín i n-a
ꞃeaꞃaṁ.

"A ṁama!"

"Céaꞃᵭ é héin, a ꞃúin?"

"ⁿaċ ᵭꞇiuꞔꞃaiᵭ ꞇú ꜰéiꞃín a ꞔaile
ċuiᵹ Ꞔꞃíᵹiᵭín?"

"Ꞇiuꞔꞃaᵭ, a ċuiᵭ. ꜰéiꞃín ᵭeaꞃ."

ᵭ'imꞇiᵹ an ṁáċaꞃ aᵹuꞃ ᵭ'ꜰan
Ꞔꞃíᵹiᵭín ᵹo ꞃáꞃꞇa ꞃa mꞔaile. Ꞅuiᵭ
ꞃí ꜰúiꞇi aꞃ a ꞃꞇóilín. Ꞔí an ᵹaᵭaꞃ i
n-a lúiꞔ oꞃ coṁaiꞃ na ꞇeineaᵭ aᵹuꞃ
é aᵹ ꞃꞃannaᵭ. ᵭúiꞃiᵹ Ꞔꞃíᵹiᵭín é
aᵹuꞃ ċuiꞃ coᵹaꞃ i n-a ċluaiꞃ—

"Ꞇiuꞔꞃaiᵭ Mama ꜰéiꞃín a ꞔaile
ċuiᵹ Ꞔꞃíᵹiᵭín!"

"Ꞔuꜰ!" aꞃꞃ' an ᵹaᵭaꞃ aᵹuꞃ ċuaiᵭ
a ċoᵭlaᵭ ᵭó ꜰéin aꞃíꞃ. Ꞔí a ꜰioꞃ aᵹ
Ꞔꞃíᵹiᵭín ᵹuꞃꞔ' ionann "Ꞔuꜰ!" aᵹ̔
"Maiꞇ an ꞃꞅéal!"

Ꞔí an caiꞇín i n-a ꜰuiᵭe aꞃ an
ꞇeallaċ. Ꞇóᵹ Ꞔꞃíᵹiᵭín i n-a ᵭá láiṁ
é, ċuimil a ċeallꞇaꞃ ᵭá leiceann,
aᵹuꞃ ċuiꞃ coᵹaꞃ i n-a ċluaiꞃ—

"Tiuḃraiḋ Mama féiṗín a ḃaile
ċuiġ Ḃríġroin."

"Mí—aṁa!" aṗṗ' an cuitín. Ḃí a
ḟíoṗ aṗ Ḃríġroin ġuṗḃ' ionann "Mí—
aṁa!" aġuṗ "Maiṫ an ṗġéal!"

Leaġ ṗí an cuitín uaiṫi aġuṗ
ḋ'imṫiġ aṗ ḟuḋ an tiġe aġ ġaḃáil
ḟuinn ḋi féin. Rinne ṗí aṁṗán beaġ
maṗ leanaṗ :—

"A ġaḃaiṗín ó 'ṗ a ġaḃaiṗín ó !
    Coḋail ġo ṗóill ġo ḋtiġiḋ mo
      Ṁama!
A cuitín ó 'ṗ a cuitín ó !
    Ḃí aġ cṗónán ġo ḋtiġiḋ ṗí a ḃaile!
A ġaḃaiṗín ó 'ṗ a cuitín ó !
    Aṗ an aonaċ ó ! aṫá mo Ṁama,
Aċt tiocṗaiḋ ṗí aṗiṗ tṗáṫnóinín ó !
    Iṗ tiuḃraiḋ ṗí féiṗín léiṫi a
      Ḃaile ! "

Ṫuġ ṗí iaṗṗaċt ṗá'n aṁṗán ṗo a
ṁúineaḋ ḋo'n ġaḃaṗ, aċt iṗ mó an
ḋuil a ḃí aġ an nġaḃaṗ i ġcoḋlaḋ 'ná
i ġceol. Ṫuġ ṗí iaṗṗaċt ṗá n-a
ṁúineaḋ ḋo'n cuitín, aċt ba ḃinne
leiṗ an ġcuitín a ċṗónán féin. Nuaiṗ
ṫáiniġ a haṫaiṗ iṗteaċ ṗá ṁeaḋoṇ

lae ní ḋéanfaḋ tada cúip ḋi aċt an
t-aṁrán a ráḋ ḋó agur a ċup ḋ'iallaċ
aip é foġlaim ḋe ġlan-ṁeaḃaip.

Ḋ'fill an máṫaip a ḃaile poiṁ
tráṫnóna. Ḃ'é an céaḋ focal
aḋuḃaipt Ḃpíġiḋin—

"Ap tug tú an féipín leat, a
Ṁama?"

"Tugar, a ċuiple"

"Céaḋ a tug tú leat?"

"Tomaip!" Ḃí an máṫaip i n-a
rearaṁ i láp an uplaíp. Ḃí a mála
leagta ap an upláp aici agur a láṁa
taoḃ ṫiap ḋi.

"Sweets?"

"Ní heaḋ!"

"Cáca milir?"

"Ní heaḋ, muip'! Tá cáca milir
i mo ṁála agam aċt ní hé rin an
féipín."

"Péipe rtocaí!" Níop ċait Ḃpíġ-
iḋin ḃpóga ná rtocaí piaṁ agur
ḃ'faḋa ḋi ag tnúṫán leo.

"Ní heaḋ, go ḋeiṁin! Tá tú pó-
óg le haġaiḋ rtocaí go fóillín."

"Leaḃap upnaiġṫe!" Ní ġaḃaḋ
ḋom a páḋ naċ paiḃ Ḃpíġiḋin i n-ann

léiġeaḋ (ċar é níor ċuir sí lá isteaċ
ar sġoil i n-a saoġal), aċt ċeap sí go
raiḃ. "Leaḃar urnaiġte!" ar sise.

" Ní heaḋ, ċor ar biṫ!"

" Céard é héin, 'd eile?"

" Ḃreaṫnuiġ!"

Leaṫ an máṫair a ḋá láiṁ, agus
céard a noċtfaḋ sí aċt báḃóigín!
Báḃóigín ḃeag áḋmaiḋ a raiḃ plaitín
innti, agus i geaṁ-ċaoċ; aċt ḃí a ḋá
ġruaiḋ ċoṁ ḋearg le caor agus ḃí
sniġeaḋ gáire ar a béal. Éinne a
mbeaḋ cion aige do ḃáḃógaiḃ, tiuḃ-
raḋ sé gean agus grád ḋi. Las
súile Ḃrígidín le háṫas.

" Óra, nac deas í! Ára, a Ṁama,
a ċroiḋe, cé ḃfuair tú í? Óra ó!
Béiḋ páirte agam dem' ċuid héin
anois—páirte dem' ċuid héinín héin!
Béiḋ páirte ag Ḃrígidín!"

Rug sí ar an mbáḃóigín agus
ḋ'ḟáisg le n-a ċroiḋe í. Póg sí a
plaitín ḃeag maol is a ḋá ġruaiḋ
ḋearga. Póg sí a béilín is a sróinín
geanncaċ. Annsin ċuiṁriġ sí uirti
féin, ċroċ a ceann, agus ar sise le
n-a máṫair—

"Póc!" (mar ṡin aoeireaḋ Ḃríġ-
ríoín "póg").

D'írlíġ an máṫair nó gur ṗóg an
cailín ḃeag í. Annrin ḃ'éigin di an
ḃáḃóigín a ṗógaḋ. Táinig an t-aṫair
irteaċ ar an ḃpuinnte rin agur
cuireaḋ ṗá ndeara ḋó-ran an clear
céaḋna a ḋéanaṁ.

Ní raiḃ taḋa ag ḋéanaṁ imníḋe
do Ḃríġíoín ar feaḋ an tráṫnóna
rin aċt cia an t-ainm a ḃairtfeaḋ rí
ar an mbáḃóig. Ṁol a máṫair
"Malaí" di agur ceap a haṫair go
mbaḋ ḟeileaṁnaċ an t-ainm "Peigí."
Aċt ní raiḃ ceaċtar aca ro ráṫaċ
galánta, ḋar le Ḃríġíoín.

"Tuige an tugaḋ 'Ḃríġíoín' orm-
ra, a Ḋeaiᴅe?" ar ríre tar éir ruipéir.

"Duḃairt na rean-ṁná gur Cor-
ṁail leḋ' Oncail Páoraic tú, agur ó
tárla nárḃ' féiḋir 'Páoraic' a
ḃairteaḋ ort, ḃairteaḋ 'Ḃríġío' ort,
mar ḃ'ḟactar ḋúinn gurḃ' é an ruḋ
ḃa goire ḋó é."

"Ṁear tu an corṁail í reo (an
ḃáḃóg) lem' Oncail Páoraic. A
Ḋeaiᴅe?"

·Rinne·bRíSiÓin·macċnam·
·aR·FċaÓ·ċamaill·————

"Ó, ní coṡṁail coṗ aṗ ḃiṫ. Ⅽá
ṫ'Oncail Ṗáḋṗaic ḃán—aġuṡ cṗeiḋim
ġo ḃfuil féaṗóġ anoiṗ aiṗ."

"Cia leiṡ iṡ coṡṁail í, 'ḋ eile?"

"Muiṗe, ḃaḋ ḋeacaiṗ a ṗáḋ, a
ċailín ó!—ḃaḋ ḋeacaiṗ ṡin."

Ṙinne Ḃṗíġiḋín maċtnaṁ aṗ feaḋ
camaill. Ḃí a haṫaiṗ aġ ḃaint a cuiḋ
éaḋaiġ ḋi oṡ coṁaiṗ na ceineaḋ aṗ
feaḋ an ama ṡo, maṗ ḃí ṡé i n-am
aici ḃeiṫ aġ ḋul a ċoḋlaḋ. Nuaiṗ a
ḃí ḃainte ḋi ċuaiḋ ṡí aṗ a ġlúiniḃ
ċuiṗ a ḋá láiṁin le céile, aġuṡ toṡuiġ
uiṗti maṗ ṡo:—

"A Íoṡa Cṗíoṡta, ġo mḃeannuiġiḋ
tú aġuṡ ġo ṡáḃálaiḋ tú ṡinn! A Íoṡa
Cṗíoṡta, ġo mḃeannuiġiḋ tú Ḋeaiḋe
aġuṗ Mama aġuṗ Ḃṗíġiḋín, aġuṗ ġo
ġcuiṗiḋ tú ṡlán ṡáḃáilte ó ṫuḃaiṗte
aġuṗ ó anaċain na ḃliaḋna ṡinn, má'ṗ
é toil mo Ṡlánuiġṫeoṗa é. A Ḋia,
ġo mḃeannuiġiḋ tú m'Oncail Ṗáḋṗaic,
atá anoiṗ i 'Meṗiocá, aġuṗ m'Aint
Ûaiṗḋṗe——" Ⅽⅽaḋ ṡí ġo hoḃann
aġuṗ ċuiṗ ġáiṗ áṫaiṗ aiṗti.

"Ⅽá ṡé aġam! tá ṡé aġam, a
Ḋeaiḋe!" aṗ ṡiṡe

"Céann tá aḡat, a ḡṛáḋ? Fan ḡo ḡcṛíoċnuiḡiḋ tú ḋo ċuiḋ paiḋṛeaċa."

"M'áint Ḃaiṗḃṛe! Iṛ coṛṁail lem' áint Ḃaiṗḃṛe í!"

"Cia iṛ coṛṁail leḋ' áint Ḃaiṗḃṛe?"

"An Ḃáḃóiḡín! Sin é an t-ainm a ċiuḃṛaṛ mé uiṛti! Ḃaiṗḃṛe!"

Leiḡ an t-aṫaiṛ a ḟean-ṛḡáiṛt ḡáiṛe ṛul aṛ ċuiṁniḡ ṛé naċ ṛaiḃ na paiḋṛeaċa cṛíoċnuiḡte. Ní ḋeaṛna Ḃṛíḡḋín ḡáiṛe aṛ ḃit, aċt lean uiṛti maṛ ṛo:—

"Ó! a Ḋia! ḡo mbeannuiḡiḋ tú m'Oncail Páḋṛaic, atá anoiṛ i 'Meṛiocá, aḡuṛ m'áint Ḃaiṗḃṛe, aḡuṛ" (ṛeo aḡuiṛín a ċuiṛ ṛí féin leiṛ) "aḡuṛ ḡo mbeannuiḡiḋ tú mo Ḃaiṗḃṛe ḃeaḡ ṫéin aḡuṛ ḡo ḡcoinḃiḡiḋ tú ó ṗeacaḋ maṛḃṫa í! Ámén, a Ṫiḡeaṛna!"

Sḡáiṛt an t-aṫaiṛ aḡ ḡáiṛiḋe aṛíṛ. Ḋ'ḟéaċ Ḃṛíḡḋín aiṛ aḡuṛ ionḡnaḋ uiṛti.

"Sḡuaḃ leat ṛiaṛ anoiṛ aḡuṛ iṛteaċ in ḋo leaḃaiḋ leat ḡo ḃeo!" aṛ ṛeiṛean coṁ luaṫ iṛ ḋ'ḟéaḋ ṛé laḃaiṛt le ḡáiṛe. "Aḡuṛ ná ḋéan ḋeaṛmaḋ aṛ Ḃaiṗḃṛe!" aṛ ṛeiṛean.

" Iṗ beaż an baoġal ! " Siaṗ léiti
ṗa ṗeoṁpa ażuṗ iṗteaċ ṗa leabaiḋ
:éiti ṗe léim. Bi cinnte náṗ ḋeaṗ-
maiḋ ṗí Dairbre.

Ó'n oiḋċe ṗin amaċ ní ṗaċaḋ
Bríżiḋin a ċoḋlaḋ aṗ óṗ ná aṗ aiṗ-
żeaḋ żan Dairbre a ḃeit ṗa leabaiḋ
aici. Ní ṗuiḋṗeaḋ ṗí ċum biaḋ a
ċaiteaṁ żan Dairbre a ḃeit i n-a
ṗuiḋe le n-a ḣaiṗ. Ní żaḃṗaḋ ṗí
amaċ aż ḋéanaṁ żṗinn ḋi ṗéin żan
Dairbre a ḃeit i n-a ṗoċaiṗ. Domnaċ
amáin a ḋtuż a máṫaiṗ léiti ċuiż an
Aiṗṗeann í, ní ṗaiḃ Bríżiḋin ṗáṗta żan
Dairbre a ṫaḃaiṗt ann ṗṗeiṗín. Ní
tażaḋ bean ċoṁuṗṗan iṗteaċ aż
cuaiṗtéiṗeaċt naċ żcuiṗṗiḋe Dairbre
i n-aitne ḋi. Lá ḋáṗ ḃuail an ṗażaṗt
iṗteaċ ċuca ḋ'iaṗṗ Bríżiḋin aiṗ a
ḃeannaċt a ṫaḃaiṗt ḋo Dairbre. Tuż
ṗé a ḃeannaċt ḋo Bríżiḋin ṗéin. Ṡíl
ṗíṗe żuṗ ḋo'n ḃáḋoiż a tuż ṗé í, ażuṗ
ḃí ṗí lán-tṗáṗta.

Socṗuiż Bríżiḋiṗ páṗluṗ beaż
ḋeaṗ ḋo Dairbre aṗ ḃaṗṗ an ḋṗiṗiúiṗ
Ċuala ṗí żo ṗaiḃ páṗlúṗ aż a ḣáinт
Dairbre (i nllaċtan áṗḋ a ḃí ṗíṗe

i n-a coṁnaiḋe) agus ceap sí náṛ ṁóṛ
ṫá Ḃaiṛḃṛe-ṛe páiplúṛ a ḃeiṫ aici coṁ
maiṫ le ḋuine. Ṫuiṫ mo Ḃaiṛḃṛe
ḃoċt ṫe ḃaṛṛ an ṫṛṛiúṛ lá, maṛ
ṫ'innṛiġeaṛ ċeana, agus ḃṛiṫeaḋ
leaṫ-ċoṛ léiṫi. Iṡ iomḋa timpiṡte
taṡiṡ ṡin ṫ'éiṡiġ ṫi. Lá eile ṡug an
gaḋaṛ uiṛti agus ḃí 'ġá ṡṫṡóiceaḋ
ó ċéile go ṫṫáinig máṫaiṛ Ḃṛíġiṫin
ṫo ċaḃaiṛ uiṛti. Ṫ'ṡán an leaṫ-ċoṛ
ṡlán ag an ngaḋaṛ. Ṫuiṫ sí iṡteaċ
ṡan aḃainn uaiṛ eile agus hóḃaiṛ go
mḃáiṫṡiḋe í. 'Sé aṫaiṛ Ḃṛíġiṫin a
ṫáinig ṫo ċongnaṁ uiṛti an tuṡaṡ ṡo.
Iṡ beag náṛ ḃáiteaḋ Ḃṛíġiṫin ṡéiṛ
agus í a ṫ'iaṛṛaiḋ í ṫáṛṛṫáil ó ṗoṛt
na haḃann.

Má ḃí Ḃaiṛḃṛe gan a ḃeiṫ ṡó-
ḃaṫaṁail an ċéaḋ lá a ṫṫáinig sí,
tuigeann sé le náḋúṛ naċ ṡeaṛṛ an
slaċt a ḃí uiṛti taṛ éis ḃliaḋain a
ċuṛ ṫi. Aċt ba cuma le Ḃṛíġiṫin
ṫaṫaṁail nó mí-ḃaṫaṁail í. Ṫug sí
gṛáḋ a cṛoiḋe ṫi ó'n gcéaḋ nóiméaḋ
aṛ leag sí ṡúil uiṛti, agus iṡ ag
méaḋuġaḋ a ḃí an gṛáḋ ṡin ó lá go
lá. Naċ ag an mbeiṛt aca a ḃíoḋ an

ġreann nuaiṗ a ḃ'ḟáġaḋ an ṁáṫaiṗ an
teaċ ṗá n-a ġcúṗaim ṫṗáṫ a mbíoḋ
ṗí aṗ cuaiṗt tiġ ċoṁuṗṗan! Ḃíoḋ an
t-uṗláṗ ṗġuabṫa aġuṗ na pláṫaí niġṫe
aca ṗoimpi nuaiṗ a ḃ'ḟilleaḋ ṗí
Aġuṗ naċ aṗ an ṁáṫaiṗ a ḃíoḋ an
t-ionġnaḋ, maṗ 'ḋeaḋ!

" An í Ḃṗiġ'ḋín a ġlan an t-uṗláṗ
ḋá Ṁama?" aḋeiṗeaḋ ṗí.

" Ḃṗiġ'ḋín aġuṗ Ḃaiṗḃṗe," aḋeiṗeaḋ
an cailín beaġ.

" Muiṗe, ní' mé beo céaṗo a ḃéan-
ṗainn muna mbeaḋ an ḃeiṗt aġaiḃ!"
aḋeiṗeaḋ an ṁáṫaiṗ. Aġuṗ naċ aṗ
Ḃṗiġ'ḋín a ḃíoḋ an ṗíméaḋ aġuṗ aṗ
bṗóḋ!

Aġuṗ na laeṫeannta ṗaḋa ṗaṁṗaiḋ
a ċuiṗiḋíṗ ḃíoḋ aṗ taoiḃ an ċnuic,
i meaṗġ na ṗaiṫniġe aġuṗ na mbláṫ!—
Ḃṗiġ'ḋín aġ bailiuġaḋ nóiṁíní iṗ
méiṗíní iṗ bainne bó blioċṫáin aġuṗ
Ḃaiṗḃṗe 'ṡá ġcoṁaiṗeaṁ ḋi (maṗ
ḋeiṗeaḋ ṗí); Ḃṗiġ'ḋín aġ ṗíon-
ċainnt aġuṗ aġ innṗeaċt ṗġéalta
naċ ġcuala ḋuine ná ḋaonnaiḋe (ni
áiṗmiġim báḃóiġín) a leiṫéiḋ ṗiaṁ
ṗoiṁe ná ó ṗoin, aġuṗ Ḃaiṗḃṗe aġ

éịrteaċt léiṫi ;—caiṫfiṫ ṙe ṡo mbíoṫ
ṙí aṡ éịrteaċt ṡo háịṙeaċ, maṙ ní
ṫaṡaṫ focal aṙ a béal.

'Sé mo baṙaṁail naċ ṙaiḃ ṡeaṙṙ-
ṫaile i ṡConnaċtaiḃ ná, ṫá n-aḃṙóċ-
aịnn é, ṙan Ṙoinn Eoṙṗa, ba ṙáṙta
fonaṙaiṡe 'ná Ḃṙiṡiḋin na laeteannta
úṫ ; aṡur fáṡaim le huḋaċt naċ ṙaiḃ
báḃóiṡín fá luiṡe na ṡṙeine ba ṙaṙta
fonaṙaiṡe 'ná Ḃaiṙḃṙe

Sin maṙ ḃí ṡo ṫtáiniṡ Niaṁ Cinn
Óiṙ.

II.

Ḃ'aṙ Ḃaile Áṫa Cliaṫ ṫo Niaṁ
Cinn Óiṙ Ḃean uaṙal a ṫáiniṡ ṫo'n
ṡoṙt Móṙ aṡ foṡlaim Ṡaeḋilṡe,
ṡeall ṙí ṙoiṁ imṫeaċt ṫi ṡo ṡcuiṙ-
feaṫ ṙí ṙeoṫ éiṡin ċuiṡ Ḃṙiṡiḋ-
in. Aṡuṙ, aṙ nḋóiṡ, ċuiṙ. Lá
amáin, tuaiṙim iṙ ṙeaċtṁain taṙ
éiṙ imṫeaċt ṫi, ṙiuḃail Ḃeaṙḃli an
Ṗoṙta iṙteaċ i láṙ na ciṙteanaiṡe
aṡuṙ leaṡ boṙṡa móṙ aṙ an uṙláṙ.

" Ḋuiṫ-ṙe, a ḃean óṡ," aṙ ṙeiṙean
le Ḃṙiṡiḋin.

" Aṙa, céaṙṫ tá ann, a Ḃeaṙḃli ? "
" Cá ḃṙioṙ ṫom ? Siḋeoṡ, h'féiṫiṙ."

"Ó ḃó! Cé ḃuair tú é?"

"Ó ḟinín beag glas, a raiḃ féaróg fada gorm air, caipín dearg ar a ṁullaċ, agus é ar ṁarcaideaċt ar giorrḟiaḋ"

"Óra, 'deaide! Agus céard duḃairt sé leat, a Ḃeartlí?"

"Deaman ceo aduḃairt sé aċt 'Taḃair é seo do Ḃríġín, is mo ḃeannaċt,' agus ar go braṫaċ leis le sméideaḋ do súl."

Táim i n-aimsear nárḃ' fíor do Ḃeartlí an tuairisg seo ar fad, aċt creid Ḃríġín gaċ focal di. Glaoiḋ rí ar a máṫair, san áit a raiḃ rí istiġ sa seompra ag tógáil na háite tar éis an ḃricfasta.

"A Mama, a Mama, borga mór do Ḃríġín! Finín beag glas a raiḃ féaróg fada gorm air a tug do Ḃeartlí an ṗorca é!"

Ṫáinig an máṫair amaċ agus bailiġ Ḃeartlí leis

"A Maimín, a Maimín, osgail an borga go tapaiḋ! Ceapann Ḃeartlí go mb'féidir gur ríḃeog atá ann' Coppuiġ leat, a Maimín, nó cá ḃfios

ᴅúinn naċ miúċꞃaiᵭe iꞃᴄiᵹ ꞃa mᴅoꞃᵹa
iᴅ?"

Ᵹeaꞃꞃ an máᴄaiꞃ an céaᴅ. ᵭain
ꞃí an páipéaꞃ ᴅe'n ᵭoꞃᵹa. Ċóᵹ ꞃí an
cláꞃ. Céaꞃᴅ a ᵭeaᴅ ann, i n-a luiᵹe
ᵹo ᴅeaꞃ cluᴄṁaꞃ ꞃa mᴅoꞃᵹa maꞃ a
ᵭeaᴅ páiꞃᴄe i ᵹcliaᴅán, aċᴄ an ᵭáᴅóᵹ
iꞃ áilne 'ꞃ iꞃ ᵹleoiᴄe ᴅá ᴅꞃaca ꞃúil
ꞃiaṁ! ᵭí ꞃolᴄ óꞃ-ᵬuiᴅe uiꞃᴄi aᵹuꞃ é aᵹ
ᴄuiᴄim i n-a ᵭúclaiᴅ ᴄꞃiopallaċa ᴄaꞃ
a ᵭꞃáᵹaiᴅ iꞃ ᴄaꞃ a ᵹuailniᴅ. ᵭí
luiꞃne an ꞃóiꞃ i n-a leiceann. 'Si
an ᴄꞃaṁail ᵭéaꞃꞃainn ᴅá ᵬéilin ᴅá
ċaoꞃ ċaoꞃᴄainn, aᵹuꞃ ᵭa ᵹeall le
péaꞃlaiᴅ a ᴅéaᴅ. ᵭí a ꞃúile ᴅúnᴄa.
ᵭí culaiᴅ ᵹeal ꞃíoᴅa aᵹ cumᴅaċ a
cuiꞃp, aᵹuꞃ ᵭꞃaᴄ ᴅeaꞃᵹ ꞃꞃóil oꞃ a
cionn ꞃin amuiᵹ. ᵭí muince niaṁꞃaċ
ᴅe ċloċaiᴅ uaiꞃle ꞃá n-a ᴅíᴅ, aᵹuꞃ
maꞃ ᵭaꞃꞃ aꞃ na hionᵹanᴄaꞃaiᴅ aꞃ ꞃaᴅ
ᵭí mionn ꞃíoᵹᴅa aꞃ a ceann.

"ᵭainꞃíoᵹan!" aꞃꞃa ᵭꞃíᵹiᴅin ᴅe ᵹuᴄ
íꞃeal, maꞃ ᵭí ꞃóꞃᴄ ꞃᵹáᴄa uiꞃᴄi ꞃoiṁ
an ᴄꞃiᴅeoiᵹ ᵹlóꞃṁaiꞃ ꞃeo. "ᵭain-
ꞃíoᵹan ó Ċíꞃ na nÓᵹ! Ꞃéaċ, a Ṁama,
ᴄá ꞃí i n-a coᴅlaᴅ. Meaꞃ ᴄú an
nᴅúiꞃeoċaiᴅ ꞃí?"

"Tóig i do láiṁ í," adeir an máṫair.

Sin an cailín beag a ḋá láiṁ amaċ go faitċeaċ, leag go hurraṁaċ ar an mbáḃóig iongantaiġ iad, agus fá ḋeireaḋ ċog ar an mborga í. Ní túirge rug sí uirṫi 'ná d'orgail an ḃáḃóg a súile agus adubairt de ġlór caoin binn :—

"Mam-a!"

"Dia ḋar mbeannaċaḋ," ars' an máṫair ag gearraḋ comarṫa na croiṡe uirṫi féin, "tá urlaḃra aici!"

Ḃí faoḃar neaṁ-ġnáṫaċ i súiliḃ Ḃríġdín agus ḃí lasaḋ neaṁ-ġnáṫaċ i n-a ceann-aġaiḋ. Aċt ní dóiġ liom go raiḃ sí leat ċoṁ sgannruiġṫe is ḃí an máṫair Ḃíonn páirtí ag súil le hiongantaraiḃ i gcoṁnaiḋe, agus nuair tuitear rud iongantaċ amaċ ní ċuireann ré an oiread uaṫáir orṫa is cuirear ar ḋaoiniḃ fárta.

"Tuige naċ mbeaḋ urlaḃra aici?" arsa Ḃríġdín. "Naċ ḃfuil urlaḃra ag Báirbre? Aċt is binne i ḃfad a ġut so 'ná ġut Báirbre."

Mo léan tú, a Ḃáirbre! Cá raiḃ tú an feaḋ na haimsire seo? In ḋ-

luiꞃe aꞃ an uꞃláꞃ ꞃan áit aꞃ tuit tú
aꞃ láiṁ Uꞃíꞃiꞃín nuaiꞃ táiniꞃ Veaꞃtlí
iꞃteaċ. Ní ꝼeaꞃaċ mé an ꞃcuala tú
na bꞃiatꞃa ꞃo ó béal ꝺo ċaꞃaꝺ. Má
ċualaiꞃ, iꞃ ꝺeaꞃbta ꞃo mb'aꞃꞃainꞃ
tꞃí ꝺo ċꞃoiꝺe iaꝺ.

Lean Uꞃíꞃiꞃín uiꞃti aꞃ labaiꞃt.
Labaiꞃ ꞃí ꞃo ꞃꞃiobta, a ꝺá ꞃúil aꞃ
laꞃaꝺ i n-a ceann :—

"Vainꞃioꞃan í ꞃeo," aꞃ ꞃiꞃe.
"Vainꞃioꞃan ꞃíꝺe ! Féaċ an ċulaiꝺ
bꞃeaꞃ atá uiꞃti ! Féaċ an bꞃat ꞃꞃóil
atá uiꞃti ! Féaċ an mionn áluinn
atá uiꞃti ! Iꞃ coꞃṁail í leiꞃ an
mVainꞃioꞃain úꝺan a ꞃaib Stioꞃán na
Sꞃéalta aꞃ tꞃáċt uiꞃti an oiꝺċe
ceana,—an Vainꞃioꞃan a táiniꞃ taꞃ
ꝼaiꞃꞃꞃe ó Tíꞃ na nÓꞃ aꞃ maꞃcaiꝺeaċt
aꞃ an eaċ bán. Cia an t-ainm a bí aꞃ
an mVainꞃioꞃain ꞃin, a Ṁama ?"

" Niaṁ Cinn Óiꞃ."

" Seo í Niaṁ Cinn Óiꞃ !" aꞃꞃ' an
cailín beaꞃ. " Taiꞃbeánꝼaiꝺ mé ꝺo
Stioꞃán í an ċéaꝺ uaiꞃ eile tiocꝼaꞃ
ꞃé ! Naċ aiꞃ a béaꞃ an t-átaꞃ í ꝼeic-
eál, a Ṁama ? Ві ꝼeaꞃꞃ aiꞃ an
oiꝺċe ꝼá ꝺeiꞃeaꝺ nuaiꞃ aꝺubaiꞃt mo

Ḋeaṁḋe naċ ḃfuil ṁiḋeoġa aṁ biṫ ann. Ḃi a fioṁ aġam-ṁa naċ ṁaiḃ mo Ḋeaṁḋe aċt aġ maġaḋ."

Níoṁ maiṫ liom a ṁáḋ ġuṁ ṁiḋeoġ Niaṁ Cinn Óiṁ, maṁ ṗil Ḃṁíġiḋín, aċt iṁ ḋóiġ liom ġo ṁaiḃ ḃṁaoiḋeaċt éiġin aġ baint léiṫi; aġuṁ táim lán-cinnte ġo ṁaiḃ Ḃṁíġiḋín féin ṗá ḃṁaoiḋeaċt ó'n nóiméaḋ a ḋtáiniġ ṁí iṁteaċ ṁa teaċ. Muna mbeaḋ ġo ṁaiḃ, ní ṗáġṁaḋ ṁí Daiṁḋṗe i n-a luiġe léiṫi féin aṁ an uṁláṁ aṁ feaḋ an tṁát-nóna ġan focal a ṁáḋ léiṫi ná ṁiú aṁáiṁ cuiṁniuġaḋ uiṁti ġo ham coḋlaṫa; ná ní ġaḋṁaḋ ṁí a coḋlaḋ ġan Daiṁḋṗe a ṫaḃaiṁt iṁteaċ ṁa leabaiḋ léiṫi maṁ ba ġnáṫaċ. Iṁ aṁ éiġin a ċṁeiḋ-ṁeá é, aċt 'ṁí an ḃainṁíoġan óġ a coḋail i ḃfoċaiṁ Ḃṁíġiḋín an oiḋċe ṁin i n-ionaḋ an compánaiġ ḃiġ ḋíliṁ a coḋluiġeaḋ i n-a foċaiṁ ġaċ oiḋċe le bliaḋain.

'O'ṗan Daiṁḋṗe i n-a luiġe aṁ an uṁláṁ ġo ḃfuaiṁ máṫaiṁ Ḃṁíġiḋín í, iṁ ġuṁ tóġ iṁ ġuṁ ċuiṁ ṁuaṁ aṁ ḃaṁṁ an ṫṁiṁiúiṁ í ṁan áit a ṁaiḃ a ṗáṁlúṁ ḃeaġ féin. · Caiṫ Daiṁḋṗe an oiḋċe

ṙin aṙ ḃaṙṙ an ṫpṙiúṙ. Níoṙ ċualaṙ
guṙ airiġ Ḃṙíġroin ná a máṫaiṙ ná a
naṫaiṙ aon ċaoineaċán ó'n gciṙċean-
aiġ i láṙ na hoiṙċe, aguṙ leiṙ
an fiṙinne a ṙáṙ ní ṁeaṙaim guṙ fil
Ḃaiṙḃṙe ṙeoṙ. Aċt iṙ cinnte go ṙaiḃ
ṙí ḃṙónaċ go leoṙ, i n-a luiġe i
n-áiṙṙe anṙṙúṙ léiċi féin, gan láṁ a
caṙaṙ i n-a timċeall, gan teaṙ colna
a caṙaṙ 'gá téiċeaṙ, gan ṙuine ná
ṙeoṙaiṙe i n-a haice, gan ṙuaim aṙ
ḃit a cloiṙteáil, aċt aṁáin na ṙuam-
anna ṙanna ṙíoṙ-uaigneaċa a ḃíoṙ le
cloiṙteáil i ṙteaċ i n-am maiṙḃṫa na
hoiṙċe.

III.

Iṙ i n-a ṙuiṙe nó i n-a luiġe aṙ
ḃaṙṙ an ṫpṙiúṙ a ċait Ḃaiṙḃṙe
bunáite na ṙáiċe ṙaṙ gcionn.
Ḃ'annaṁ a laḃṙuiġeaṙ Ḃṙíġroin léiċi;
aguṙ nuaiṙ a laḃṙuiġeaṙ, ní ṙeiṙeaṙ ṙí
aċt, " Ḃí i ṙo ċailín ṁaiṫ, a Ḃaiṙḃṙe.
Feiceann tú go ḃfuilim cṙuaṙóġac.
Caiṫfiṙ mé aiṙe a ṫaḃaiṙt ṙo Ṁaiṙ
Ċinn Óiṙ. Ḃainṙíoġan í ṙin, táṙ
agat, aguṙ caiṫfeaṙ aiṙe ṁaiṫ a
ṫaḃaiṙṫ ṙi." Ḃí Ḃṙíġroin ag ṙul i

n-aoir anoir (cꝛeiꝺim ᵹo ꝛaiꝺ ꝛí cúiᵹ
bliaꝺna caitte nó b'ꝼéiꝺiꝛ cúiᵹ
bliaꝺna ᵹo leit), aᵹur bí ꝛí aᵹ éiꝛᵹe aꝛ
cuiꝺ ꝺe na nóꝛaiꝺ a cleaċtuiᵹeaꝺ ꝛí i
ꝺtúꝛ a hóiᵹe. Ní "Ꝺꝛíᵹꝛoín" a tuᵹaꝺ
ꝛí uiꝛti ꝼéin anoir, maꝛ bí a ꝼior aici
an bꝛíᵹ atá leir an bꝼocaílín "mé,"
aᵹur leir an earbaillín rin "-im" nuaiꝛ
a cuiꝛteaꝛ i nꝺiaiꝺ "tá" aᵹur "níl"
é. Bí a ꝼior aici ꝼreiꝛin ᵹuꝛ móꝛ an
mear aᵹur an onóiꝛ atá aᵹ ꝺul ꝺo
bainꝛíoᵹain taꝛ maꝛ atá aᵹ ꝺul ꝺo
cꝛéatúiꝛín beaᵹ boċt maꝛ Ꝺairbꝛe.

Ir baoᵹlaċ liom náꝛ ċuiᵹ Ꝺairbꝛe
an rᵹéal ro ċoꝛ aꝛ bit. Ní ꝛaiꝺ innti
aċt bábóiᵹín maiꝺe, aᵹur, aꝛ nꝺóiᵹ,
baꝺ ꝺeacaiꝛ ꝺá leiċéiꝺ cꝛoiꝺe cailín
a tuiᵹrint. Ꝺa léiꝛ ꝺi ᵹo ꝛaiꝺ ꝛí
caitte ꝺo leat-taoiꝺ. 'Sí Niaṁ
Cinn Óiꝛ a coꝺluiᵹeaꝺ i bꝼocaiꝛ
Ꝺꝛíᵹꝛoín anoir; 'rí Niaṁ Cinn Óiꝛ a
ꝼuiꝺeaꝺ le n-a haiꝛ am béile; 'rí
Niaṁ Cinn Óiꝛ a ᵹabaꝺ amaċ aꝛ an
ᵹcnoc le n-a coiꝛ, a luiᵹeaꝺ léiċi i
mearᵹ na ꝛaitniᵹe, iꝛ a ċéiꝛbeaꝺ léiċi
aᵹ bailiuᵹaꝺ nóinini iꝛ meiꝛini. 'Sí
Niaṁ Cinn Óiꝛ a teannaꝺ ꝛí le n-a

huċt. 'Sí niaṁ Ċinn Óip a póѕaḋ rí.
Ⱃuine eile a ḃeiṫ ran áiṫ ba ѕnáṫaċ
leaṫ-ra a ḃeiṫ, ⱃuine eile a ḃeiṫ
aѕ riuḃal le coip an ṫé ap ѕnáṫaċ
leaṫ-ra riuḃal le n-a ċoip, ⱃuine eile
ḃeiṫ aѕ póѕaḋ an ḃéil ba ⱃual ⱃuiṫ-
re a póѕaḋ,—rin í an pian ir mó ⱃá
ḃfulainѕṫeap ap an raoѕal ro ; aѕur
rin í an pian a ḃí i láp Ḃaipḃpe anoip,
'ѕá céaraḋ ó ṁaiⱃin ѕo hoiⱃċe ir 'ѕá
cpáⱃ ó oiⱃċe ѕo maiⱃin.

Ir ⱃóiѕ ѕo nⱃéappap liom nápḃ'
féiⱃip na rmaoinṫe reo ná rmaoinṫe
ap ḃiṫ eile a ḃeiṫ i ѕcpoiⱃe Ḃaipḃpe,
map naċ raiḃ innṫi aċṫ ḃpéaѕán maiⱃe
ѕan moċuѕaḋ, ѕan meaḃaip, ѕan ṫuiѕ-
rinṫ, ѕan ṫpeoip. M'ḟpeaѕpa ap éinne
laḃpóċar map ro liom : Cá ḃfios
ⱃúinn ? Cá ḃfior ⱃuiṫ-re nó ⱃom-r a
naċ ḃfuil a moċuѕaḋ ir a meaḃaip
féin, a ⱃṫuiѕrinṫ ir a ⱃṫpeoip féin, aѕ
ⱃáḃóѕaiḃ ir aѕ ḃpéaѕánaiḃ maiⱃe, aѕ an
ѕcpann ir aѕ an ѕcnoc, aѕ an aḃainn
ir aѕ an ear, aѕ mion-rѕoṫaiḃ na
páipce ir aѕ mion-ċloċaiḃ na ṫpáѕa ?
—'reaⱃ aѕur aѕ na céaⱃṫaiḃ puⱃaí
eile ṗeiciⱃmiⱃ 'n-ap ⱃṫimċeall ? Ní

aḃraim go ḃfuil; aċt baḋ ḋána
an maire ċom-ra nó v'éinne eile
a ráḋ naċ ḃfuil. Ir vóiġ leir
na páirtiḃ go ḃfuil; agur 'ré mo ḃar-
aṁail gur tuigreanaiġe na páirtí i
neitiḃ ve'n trópt ro 'ná cura ir
mire.

Lá amáin vá raiḃ Ḃairḃre i n-a
ruiḋe go huaigneaċ léiti féin i n-a
párlúr, ḃí Ḃriġroín agur Niaṁ Cinn
Óir i réir ċompáiḋ coir na teineaḋ;
nó v'ḟearr liom a ráḋ go raiḃ Ḃriġroín
i réir ċompáiḋ léiti féin, agur Niaṁ
ag éirteaċt léiti; mar níor ċuala
éinne focal ar béal na Ḃainríoġna
riaṁ aċt amáin "Mam-a." Ḃí máṫair
Ḃriġroín taoḃ amuiġ ve'n vorar ag
niġeaċán. Ḃí an t-aṫair ag cur fatai
ran ngarrḋa. Níor fan ra teaċ aċt
Ḃriġroín agur an vá ḃáboig.

Ir vóiġ go raiḃ an cailín beag tuir-
reaċ, mar ċait rí an maioin ag niġ-
eaċán (niġeaḋ rí bráitlín agur pluiv
na Ḃainríoġna gaċ reaċtṁain). Ḃa
geapr go vtáinig coolaḋ uirti. Ḃa
geapr i n-a ḋiaiḋ rin gur leig rí a
ceann ar a ḃrollaċ ir go raiḃ rí i n-a

coinċim ꞃúain. Ní cuiᵹim i ᵹceaꞃc
céaꞃꝺ ꝺ'éiꞃiᵹ caꞃ 'éiꞃe ꞃin, aċc ꝺe
ꞃéiꞃ coꞃaṁlaċca ꝿí Ꝺꞃíᵹꝺin aᵹ
ᵹuicim le ꝼánaꝺ, nó ᵹuꞃ ꞃíneaꝺ aꞃ
leic an ceallaiᵹ í i ꝿꝼoiᵹꞃeaċc oꞃlaiᵹ
ꝺo'n ceiniꝺ. Níoꞃ ꝺúiꞃiᵹ ꞃí, maꞃ
ꝿí ꞃí i n-a cnap coꝺlaca. Iꞃ coꞃṁail
ᵹo ꞃaiꝿ Niaṁ Cinn Óiꞃ i n-a coꝺlaꝺ
ꝼꞃeiꞃin, aċc cia aꞃ ꝿic cia ꞃᵹéal é
níoꞃ ċoꞃꞃuiᵹ ꞃí. Ní ꞃaiꝿ éinne ꞃa
ceaċ leiꞃ an ꝿáiꞃce ꝿeaᵹ ᵹꞃáꝺṁaꞃ
a coꞃainc aꞃ an mꝿáꞃ a ꝿí aᵹ cꞃiall
uiꞃċi. Níoꞃꝿ' eol ꝺ'éinne í ꝿeiċ i
ᵹconncaꝿaiꞃc aċc aṁáin ꝺo Ꝺia aᵹuꞃ
ꝺo—Ꝺaiꞃꝿꞃe.

Ꝿí an ṁácaiꞃ aᵹ oiꝿꞃiuᵹaꝺ léiċ-
caċꝺ amuiᵹ aᵹuꞃ ᵹan aon cuiṁneaṁ
aici ᵹo ꞃaiꝿ an ꝿáꞃ coṁ ᵹaꞃ ꞃin ꝺo
leanꝺ a cꞃoiꝺe. Ꝿí ꞃí aᵹ caꞃaꝺ puiꞃc
ꝺi ꝼéin, aᵹuꞃ 'ᵹá cꞃoċaꝺ ᵹo ꝿꞃeaᵹ,
nuaiꞃ a ċuala ꞃí an cuaiꞃc—cuaiꞃc
maꞃ ꝿeaꝺ ꞃuꝺ éiᵹin aᵹ cuicim aꞃ an
uꞃláꞃ.

"Céaꝺ é ꞃin anoiꞃ?" aꞃ ꞃiꞃe léic-
ꞃéin. "Ruꝺ éiᵹin a ċuic ꝺe'n ꝿalla.
cá ꞃeanꞃ. Ní ꝼéiꝺiꞃ ᵹuꞃaꝿ í Ꝺꞃíᵹꝺin
a ꝿain leiꞃ?"

Iṡteaċ léiti ʒo ɒeiffeaċ. Iṗ an
éiʒin náṗ ċuic an c-anam aiṗci le
neaṗc uaċɓáiṗ. Aʒuṗ ciaṗɓ' ionʒnaɓ
é ? Ɓí a leanɓ múiṗneaċ ṗince aṗ an
ceallaċ aʒuṗ a cóicín ɒeaʒ aṗ ɒeaṗʒ-
laṗaɓ ṗa ceiniɓ !

Ṗṗeaɓ an maċaiṗ ċuici cṗeaṗna na
ciṗceanaiʒe, cóʒ i n-a ɓaclainn í,
iṗ ɓain ɒi an cóca. Ní ṗaiɓ ann
aċc ʒuṗ cáṗṗcuiʒ ṗí í. Ɒá ɓṗanṗaɓ
ṗí leaċ-nóiméiɒin eile, ɓí ṗí ṗó-
ḣall.

Ɓí Ɓṗ'ʒiɒin i n-a ɒúiṗeaċc anoiṗ
aʒuṗ a ɓá láim ṗá muineál a máċaṗ.
Ɓí ṗí aṗ cṗaiceaɓ le ceann ṗaiccíṗ
aʒuṗ, aṗ nɒóiʒ, aʒ ʒol, cé naċ ʒo ṗó-
ṁaic a ċuiʒ ṗí an ṗʒéal ʒúṗ. Ɓí a
máċaiṗ " 'ʒá múċaɓ le póʒaiɒ iṗ
'ʒá ɓaċaɓ le ɒeoṗaiɒ."

" Céaṗɒ ɒ'éiṗiʒ ɒom, a ṁama ?
Ɓí mé aʒ ɓṗionʒlóiɒiʒ. Ṁocuiʒ
mé ceaṗ aʒuṗ ċeaɒ mé ʒo ṗaiɓ mé aʒ
ɒul ṗuaṗ, ṗuaṗ ṗan ṗṗéin, aʒuṗ ʒo
ṗaiɓ an ʒṗian 'ʒam' ɒóʒaɓ. Céaṗɒ
ɒ'éiṗiʒ ɒom ? "

" 'Se coil Ɒé é náṗ loiṗʒeaɒ mo
ṗcóiṗín,—ní leiṗ an nʒṗéin, aċc leiṗ

an teinid. Ó, a Ḃrígidín, a peata ḃig do ṁáṫar, céard a ḋéanfainn dá marḃóċtaiḋe orm tú? Céard a ḋéanfaḋ t'aṫair? 'Sé Dia adubairt liom a teaċt isteaċ ar an nóiméad sin!—Ní' mé céardóċ torann a ċuala mé? Muna mbeaḋ sin ní tiocfainn isteaċ ċor ar bit."

Ḃreaṫnuiġ sí ṫairsti. Ḃí gaċ rud i n-a áit féin ar an mbord, agus ar na ballaiḃ, agus ar an drisiúr,—aċt san! os coṁair an drisiúir tug sí fá deara an rud ar an urlár. Céard a ḃí ann? Colann beag gan ceann—colann báḃóige.

"Bairbre a ṫuit de'n drisiúr arís," ars' an ṁáṫair. "Mo ċoinsias, 'sí sáḃáil t'anam duit, a Ḃrígidín."

"Ní tuitim a rinne sí 'ċor ar bit!" ars' an cailín beag, "aċt is aṁlaiḋ ċonnaic sí go raiḃ mé i gconntaḃairt agus ċait sí léim ó ḃarr an drisiúir le mé sáḃáil. A Ḃairbre boċt, tug tú t'anam ar mo ṡon!"

Ċuaiḋ sí ar a glúiniḃ, ṫóg corpán beag na báḃóige, agus póg go ceannsa ceanaṁail é.

"ᴀ ṁaṁᴀ," aꞃ ꞃıꞃe ꞃo ḃꞃóⁿaċ,
"ó ċáıⁿıꞃ ᶆıaṁ Cıⁿⁿ Óıꞃ, ᴄá ꝼaıᴄċıoꞃ
oꞃᴍ ꞃo ⁿꝺeaꞃⁿa ᴍé ꝺeaꞃᴍaꝺ aꞃ
Uaıⁿ́ṗꞃe ꝺoċᴄ, aꞃuꞃ ꞃuꞃ ᴍó aⁿ ꞃṗéıꞃ
ᴀ ċuıꞃ ᴍé ı ᶆıaṁ Cıⁿⁿ Óıꞃ 'ⁿá ıⁿⁿᴄı-
ꞃe; aꞃuꞃ ꝼéaċ ꞃuꞃaꝺ í ꝺa ꝺílꞃe ꝺoᴍ ı
ⁿ-ᴀ ꝺıaıꝺ ꞃıⁿ! Aꞃuꞃ ᴄá ꞃí ᴍaꞃḃ aⁿoıꞃ
oꞃᴍ, aꞃuꞃ ⁿı ḃéıꝺ ᴍé ı ⁿ-aⁿⁿ laḃaıꞃᴄ
léıċı aꞃıꞃ ꞃo ḃꞃáċaċ, ⁿá a ꞃáꝺ léıċı
ꞃuꞃ ꞃeaꞃꞃ líoᴍ ᴍıle uaıꞃ—'ꞃeaꝺ,
céaꝺ ᴍıle uaıꞃ—í 'ⁿá ᶆıaṁ."

"ⁿı ᴍaꞃḃ aᴄá ꞃí 'ċoꞃ aꞃ ḃıᴄ,"
ᴀꝺeıꞃ aⁿ ᴍáċaıꞃ, "aċᴄ ꞃoꞃᴄuıꞃᴄe.
Cuıꞃꝼıꝺ ᴄ'aċaıꞃ aⁿ ceaⁿⁿ uıꞃċı aꞃıꞃ
ⁿuaıꞃ a ᴄıocꝼaꞃ ꞃé ıꞃᴄeaċ."

"Ꝺá ꝺᴄuıᴄꝼıⁿⁿ-ꞃe ꝺe ḃaꞃꞃ aⁿ
ꝺꞃıꞃıúıꞃ, a ᶆaᴍa, ıꞃ ꞃo ꞃcaıllꝼıⁿⁿ
ᴍo ċeaⁿⁿ, aꞃḃ' ꝼéıꝺıꞃ e ċuꞃ oꞃᴍ aꞃıꞃ?"

"ⁿıoꞃḃ' ꝼéıꝺıꞃ Aċᴄ ⁿı hıoⁿaⁿⁿ
ᴄuꞃa ıꞃ Uaıⁿ́ṗꞃe."

"Iꞃ ıoⁿaⁿⁿ. ᴄá ꞃí ᴍaꞃḃ. ⁿaċ
ḃꝼeıceaⁿⁿ ᴄú ⁿaċ ḃꝼuıl ꞃí aꞃ coꞃꞃuıꞃe
ⁿá aꞃ laḃaıꞃᴄ?"

Ꝺ'éıꞃıⁿ ꝺo'ⁿ ᴍaᴄaıꞃ aⁿ ᴍéıꝺ ꞃeo
ᴀꝺṁáıl.

ⁿı cuıꞃꝼeaꝺ aoⁿ ⁿıꝺ ı ⁿ-a luıꞃe aꞃ
Uꞃíꞃıꝺıⁿ ⁿaċ ꞃaıḃ Uaıⁿ́ṗꞃe ḃáꞃuıꞃᴄe

aᵹuꞃ naċ le iꞃe ꞃáḋáil a ċuᵹ ꞃí a
hanam. Ní aḃꞃóċainn ꞃéin ᵹo ꞃaiḃ
an ceaꞃc aici, aċc ní aḃꞃóċainn naċ
ꞃaiḃ. Níl le ꞃáḋ aᵹam aċc an méiꞇ
aꞇuḃꞃaꞃ ċeana: Cá ḃꞃioꞃ ꞇom-ꞃa
é? Cá ḃꞃioꞃ ꞇuic-ꞃe é?

Cuiꞃeaꞇ Ḃaiꞃḃꞃe an cꞃáċnóna ꞃin
aꞃ ċaoiḃ an ċnuic ꞃan áic aꞃ ċaic ꞃiꞃe
aᵹuꞃ Ḃꞃiᵹꞇin na laeceannca ꞃaꞇa
ꞃaṁꞃaꞇ úꞇ i meaꞃᵹ na ꞃaicniᵹe iꞃ na
mḃláċ Cá méiꞃiní aᵹ ꞃáꞃ aᵹ ceann
na huaiᵹe, aᵹuꞃ cá nóiníní iꞃ bainne bó
blioċcáin ᵹo ꞃaiꞃꞃinᵹ i n-a cimċeall.

Ꞃoim ꞇul a ċoꞇlaꞇ ꞇo Ḃꞃiᵹꞇin an
oiꞇċe ꞃin, ᵹlaoiꞇ ꞃí anall aꞃ a máċaiꞃ.

"Meaꞃ cú, a Ṁama," aꞃ ꞃiꞃe, "an
ḃꞃeicꞃiꞇ mé Ḃaiꞃḃꞃe aꞃ neaṁ?"

"Ꞇ'ꞃéiꞇiꞃ le Ꞃíᵹ na Ᵹlóiꞃe ᵹo
ḃꞃeicꞃeá," aꞇeiꞃ an ṁáċaiꞃ.

"Meaꞃ cú an ḃꞃeicꞃeaꞇ, a
Ꞇeaiꞇe?" aꞃ ꞃiꞃe le n-a hacaiꞃ.

"Cá a ꞃioꞃ aᵹam ᵹo binn ᵹo ḃꞃeic-
ꞃiꞃ," aꞇeiꞃ an c-acaiꞃ.

Ᵹuꞃaꞇ é ꞃin Eaċcꞃa aᵹuꞃ Oiꞇeaꞇ
Ḃaiꞃḃꞃe ᵹo nuiᵹe ꞃin.

(a ċꞃioċ ꞃin).

Eoġainín

na

nÉan.

Eoġainín na nÉan.

I.

Comráḋ a ṫárla idir Eoġainín na nÉan agus a máṫair tráṫnóna earraiġ roiṁ ḋul faoi do'n ġréin. An céirseaċ agus an ġealḃan buiḋe a ċuala é agus (de réir mar measaim) a d'innis dom' ċáirdiḃ, na fáinleoġa, é. Na fáinleoġa a d'innis an sgéal domsa.

"Tearr uait isteaċ, a peata. Tá ré ag éirġe suas."

"Ní féadaim corruiġe go fóill beag, a máiṫrín. Tá mé ag fanaċt leis na fáinleoġaiḃ"

"Cia leis, a maicín?"

"Leis na fáinleoġaiḃ. Tá mé 'ceapaḋ go mbéiḋ siad annso anoċt."

Bí Eoġainín i n-airde ar an aill ṁóir a bí láiṁ le binn an tiġe, é socruiġte go deas ar a mullaċ agus cúl bán a ċinn le bun na fuinnseoiġe a bí 'gá fasgaḋ. Bí a ceann croċta aige, agus é ag breaṫnuġaḋ

uaiḋ ó ḋeas. D'ḟeac a ṁáṫair ruar
air. D'ḟactar ḋi go raiḃ a cuid
gruaige i n-a hór ḃuiḋe ran áit a raiḃ
an ġrian ag rgallaḋ ar a cloigeann.

"Agur cé ar a ḃfuil riaḋ ag
teaċt, a leinḃ ?"

"Ó'n Doṁan Tear—an áit a
mbíonn ré i n-a ṙaṁraḋ i gcoṁnaiḋe.
Tá mé ag ranaċt leo le reaċtṁain."

"Aċt cá ḃfior ḋuit gur anoċt a
tiocfar riaḋ?"

"Níl a fior agam, aċt mé 'ġá
ċeapaḋ. Baḋ ṁiṫiḋ ḋóiḃ beiṫ annro
lá ar biṫ fearta. Ir cuiṁneaċ liom
gur coṫrom an lae inḋiu go ḋíreaċ
táinig riaḋ anuraiḋ. Ḃí mé ag teaċt
aníor ó'n tobar nuair a ċuala mé a
gceileaḃar—ceileaḃar binn meiḋreaċ
mar ḃeiḋír ag ráḋ: 'Támuiḋ ċugat
arír, a Eoġainín! Sgéala ċugat ó'n
Doṁan Tear !'—agur annrin ḋ'eit-
eall ceann aca ṫarm—ċuimil a
rgiaṫán ḋem' leiceann."

Ní cúram a ráḋ gur ċuir an ċainnt
reo an-iongnaḋ ar an máṫair. Níor
laḃair Eoġainín mar. rin léiṫi riaṁ
roiṁe. D'ḟearaḋ ḋi gur ċuir ré an-

truim inr na héanlaiṫ aguř gur iomḋa uair a caiṫeaḋ ré inr an ṡcoill nó coir ṫráġa "aġ cainnt leo" mar aḋeireaḋ ré. Aċt níor ṫuiġ ří cia an fáṫ a mbeaḋ fonn coṁ mór rin air na fáinleoġa feiceál ċuiġe arír. D'aiṫniġ ří ar a aġaiḋ, coṁ maiṫ le n-a ġlóràaiḋ béil, go raiḃ ré aġ riorrmaoineaḋ ar ruḋ éiġin a ḃí aġ ḋéanam imniḋe ḋó. Aguř táiniġ roinnt mí-ruaimnir ar an mnaoi ċroiḋe í féin, niḋ naċ ionġnaḋ. "Dar nḋóiġ, ir airteaċ an ċainnt ó páirte í," ar rire i n-a hintinn féin. Níor laḃair ří rmiḋ ór áṇḋ, aṁċaċ, aċt í aġ éirteaċt le gaċ focal ḋá ḋtáiniġ amaċ ar a ḃéal.

"Tá me an-uaiġneaċ ó ḋ'fáġuiġ riaḋ mé ran ḃfóġṁar," aḋeir an garún beaġ arír, mar ḋuine a ḃeaḋ aġ cainnt leir féin. "Bíonn an oireaḋ rin aca le ráḋ liom. Ní hionann iaḋ aguř an ċéirreaċ nó an ġealḃan buiḋe a caiṫear bunáiṫe a raoġail coir an ċlaiḋe ran nġarrḋa. Bíonn rġéalta ionġantaċa le n-aiṫrir aca i ḋtaoiḃ na ṡcríoċ a mbíonn ré i n-a raṁraḋ i

ġcoṁnaiḋe ıonnca, aġuṙ ı ḋcaoıḃ na
ḃṙaıṙṙġı ḃṙıaḋaın ṙan áıc a mḃáıcceaṙ
na luınġıṙ, aġuṙ ı ḋcaoıḃ na ġcaṫṙac
n-aol-ġeal a mḃíonn na ṙíġce 'n-a
ġcomnaıḋe ıonnca. Iṙ ṙaḋa ṙaḋa an
ḃealaċ é ó'n Ḋoṁan Ċeaṙ ġo ḋcí an
cıṙ ṙeo: ṙeıceann ṙıaḋ 'c uıle ṙuḋ
aġ ceaċc ḋóıḃ ıṙ ní ḋéanann ṙıaḋ
ḋeaṙmaḋ aṙ caḋa. Iṙ ṙaḋa lıom
uaım ıaḋ."

"Caṙ ıṙceaċ, a ġṙáḋ ġıl, ıṙ céıḋıṙ
a ċoḋlaḋ. Pṙéaċṙaṙ leıṙ an ḃṙuaċc
cú má ṙanaıṙ amuıġ ı ḃṙaḋ eıle."

"Ġaḃṙaıḋ mé ıṙceaċ aṙ ḃall beaġ,
a máıṫṙín. Níoṙ ṁaıc lıom ıaḋ a
ceaċc aġuṙ ġan mé annṙo le ṙáılce
a ċuṙ ṙómpa. Ḃeaḋ ıonġnaḋ oṙca."

Connaıc an ṁácaıṙ naċ ṙaıḋ aon
maıc a ḃeıċ leıṙ. Ċuaıḋ ṙí ıṙceaċ ġo
buaıḋeaṙca. Ġlan ṙí an boṙḋ ıṙ na
cacaoıṙeaċa. Níġ ṙí na ṙġálaí ıṙ na
mıaṙa. Ruġ ṙí aṙ an ṙġuaıḃ aġuṙ
ṙġuaḃ ṙí an c-uṙláṙ. Sġól ṙí an
cúlán ıṙ na coṙcáın. Ḃeaṙuıġ ṙí an
lampa aġuṙ ċṙoċ aṙ an mḃalla é.
Cuıṙ ṙí cuılleaḋ mona aṙ an ceınıḋ.
Rınne ṙí céaḋ ṙuḋ eıle náṙ ġáḃaḋ ḋı

a 'béanaṁ. Annrin fuiḋ ri or coṁaip na teineaḋ as rmaoineaḋ ḋi féin.

Táinis píobaire na spíoraiġe amaċ asur torui an a popt croiḋeaṁail. Ḋ'fan an ṁátair coir tealluis as rmaoineaḋ. Ḋ'fan an sarún beas an a fuiḋeaċán aeṁaċ as faireaḋ. Táinis na ba a baile ó'n sciṁín. Ṡluaiḋ an ceapc cuici an a héininiḃ. Cuaiḋ an lon ḋuḃ ir an ḋreoilín ir mion-ḋaoine eile na coille ḋo ċoḋlaḋ. Coirseaḋ an ḋorḋán na scuileoṡ ir an ṁéiḋlis na n-uan. Ḋ'írlis an sṁian so mall so raiḃ rí i n-aice le bun na rpéine, so raiḃ rí so ḋireaċ an ḋun na rpéine, so raiḃ rí fá ḃun na rpéine. Séiḋ sála fuar anoir. Leat an ḋorċaḋar an an talaṁ. Fá ḋeireaḋ táinis Eosainín irteaċ.

"Ir baoslaċ naċ ḋtiocfaiḋ riaḋ anoċt," an reirean. "Ḋ'féiḋir le Ḋia so ḋtiocfaiḋír i mbápaċ."

·   ·   ·   ·

Táinis an ṁaiḋin lá an n-a ḃápaċ. Ḃí Eosainín i n-a fuiḋe so moċ asur é as faireaḋ amaċ ó ṁullaċ na naille. Táinis an meaḋon lae.

 Táiniɠ an ḋeiṛeaḋ lae. Táiniɠ an
oiḋċe. Aċt, mo léan! níoṛ táiniɠ
na ḟáinleoɠa.

"Ḃ'ḟéiḋiṛ ɠo ḃḟeicḟimíṛ ċuɠainn i
mḃáṛaċ iaḋ," aṛṛa Eoġainín aɠuṛ é
aɠ teaċt iṛteaċ ɠo ḃṛónaċ an oiḋċe
ṛin.

Aċt ní ḟacaḋaṛ. Ná ní ḟacaḋaṛ
ċuca iaḋ an lá i n-a ḋiaiḋ ṛin ná an
lá i n-a ḋiaiḋ ṛin aṛíṛ. Aɠuṛ 'ṛéṛ'ḋ
ḋeiṛeaḋ Eoġainín ɠaċ oiḋċe aɠ
teaċt iṛteaċ ḋó:

"Ḃ'ḟéiḋiṛ ɠo mḃeaḋ ṛiaḋ ċuɠainn
i mḃáṛaċ."

II.

Táiniɠ tṛáṫnóna aoiḃinn i nḋeiṛ-
eaḋ an Aiḃṛeáin. Ḃí an t-aeṛ ɠlan
ḟionnḟuaṛ taṛ éiṛ múiṛ ḃáiṛtiɠe. Ḃí
ṛoluṛ ionɠantaċ ṛan ḋoṁan tiaṛ. Ḃí
ṛéiṛ ċeoil aɠ na héanlaiṫ ṛan ɠcoill.
Ḃí ḋuan ḋá canaḋ aɠ na tonntṛaċ-
aiḃ aṛ an tṛáiɠ. Aċt ḃí uaiɠneaṛ aṛ
ċṛoiḋe an ṁalṛaiġ aɠuṛ é aɠ ḟanaċt
leiṛ na ḟáinleoɠaiḃ.

Cluineaḋ ɠo hobann ɠlóṛ náṛ
cluineaḋ ṛan áit ṛin le tuilleaḋ aɠuṛ
leiṫ-ḃliaḋain. Ɠlóṛ beaɠ bíḋeaċ.

Bí uaigneas ar croíde an malraíg agus é ag fanacht leis na ráinleogaib.

Ġlór fann fíor-ḃinn. Ceileaḃar mear
meiḋreaċ, aġus é neaṁ-ċorṁail le
haon ċeileaḃar eile ḋá ḋtaġann ó
ġob éin.   Le luaṡ lappaċ tiomáin
toipt ḃeaġ ḋuḃ anḋear.   Í aġ eit-
eall ġo hárḋ ran aer.   Ḋá ṡġiaṫán
leaṫna láiḋpe uippti.   Déanam ġaḃ-
láin ar a hiopball.   Í aġ ġeappaḋ
na ruiġeaḋ poimpi map ṡaiġiḋ a
caiṫpiḋe ar boġa.   D'iṡliġ rí ġo
hobann, d'ionntuiġ rí, d'éipiġ apír
d'iṡliġ ir d'ionntuiġ apír.   Annrin
ṗinne rí caol ḋípeaċ an Eoġainín,
í aġ laḃaipt i n-árḋ a ġoṫa, ġur
luiġ ir ġur neaḋuiġ rí i mbpollaċ an
ġaṡúipín tap éir a taiptil faḋa ó'n
Ḋoṁan Ṫear.

"Ó! mo ġráḋ tú, mo ġráḋ tú!"
appa Eoġainín, 'ġá tóġáil i n-a ḋá láiṁ
ir 'ġá póġaḋ ap an ġcloiġinín ḋuḃ.   "'Sé
ḋo ḃeaṫa ċuġam ó na cpíoċaiḃ coim-
iġteaċa!   Ḃfuil tú tuippeaċ tap éir
t'aiptip uaiġniġ tap taltaiḃ aġur tap
fáippġíḃ?   Ópa, mo ṁíle ṁíle ġráḋ
tú, a ṫeaċtaipe ḃiġ áluinn ó'n típ i n-a
'mbíonn ré i n-a ṡaṁpaḋ i ġcoṁnaiḋe!
Cá ḃfuil ḋo ċompánaiġ uait?   Nó

céaṫo ṫ'éiriġ ṫíḃ aṙ an mbóċaṙ nu
ce naċ ṫcáiniġ riḃ roiṁe reo ? "

An ḟaiṫ ir ḃí ré aṫ laḃairc maṙ ro
leir an ḃḟáinleoiṫ, 'ṫá póṫaṫ aṙír ir
aṙír eile aṫur aṫ cuimilc a láiṁe ṫo
ṫṙáṫṁaṙ ṫá rṫiaċánaiḃ ṫuḃ-ṫoṙma,
ṫá rṫóṙnaċ ḃeaṫ ṫeaṙṫ, aṫur ṫá
ḃṙollaċ ṫeal cluċṁaṙ, ḟeol éinín eile
anṫeaṙ aṫur ċuiṙlinṫ i n-a n-aice.
Ṫ'éiriġ an ṫá éan ran aeṙ annrin,
aṫur 'ré an ċéaṫ áic eile aṙ luiṫ riaṫ
i n-a neiṫ ḃiṫ ḟéin a ḃí foluiṫce ran
eiṫean a ḃí aṫ ḟáṙ ṫo ciuṫ aṙ ḃallaiḃ
an ciṫe.

" Cá riaṫ aṙ ḟáṫáil ra ṫeiṙeaṫ, a
ṁáiṫṙín!" arra Eoṫainín, aṫur é aṫ ṙic
irceaċ ṫo lúcṫáiṙeaċ. " Cá na ḟáin-
leoṫa aṙ ḟáṫáil ra ṫeiṙeaṫ ! Cáiniṫ
péiṙe anoċc—an péiṙe a ḃḟuil a
neaṫ or cionn m'ḟuinneoiṫe-re. Ḃéiṫ
an cuiṫ eile ċuṫainn i mbáṙaċ."

Cṙom an ṁácaiṙ aṫur ceann rí léici
é. Annrin ċuiṙ rí paiṫir ċum Ṫé óṙ
ireal, aṫ ṫaḃáil ḃuiṫeaċair leir ar uċc
na ḟáinleoṫa a ḟeolaṫ ċuca. An laṙ-
aiṙ a ḃí i rúiliḃ an ṁalṙaiṫ, ċuiṙ-
ḟeaṫ rí aoiḃnear aṙ cṙoiṫe mácaṙ
aṙ biċ.

Ba ḟáṁ é coolaó eoᵹainín an
oıóce rın.

.   .   .   .   .

Táınıᵹ na ḟáınleoᵹa ı noıaıó a
céıle anoır—ı n-a ᵹceann ır ı n-a
ᵹceann aᵹ ocúr, ı n-a bpéıne ır ı n-a
bpéıne annrın, aᵹur ḟá óeıreaó ı n-a
rᵹacáıb beaᵹa. Naċ onca a bí an
c-áċar nuaıᵹ a ċonnaıc rıaó an crean-
áıc anír! An coıll beaᵹ aᵹur an
rnuıclean aᵹ ᵹluaıreaċc críci ; an
cráıᵹ ᵹeal ᵹaınmeaċ; na ḟuınnreoᵹa a
bı ı n-aıce an cıᵹe ; an ceaċ ḟéın aᵹur
na rean-neaóraċa ᵹo óíreaċ mar
o'ḟáᵹaoar ıaó leıċ-blıaóaın roıṁe
rın. Ní raıó acruᵹaó aᵹ caoa acc
aṁáın aᵹ an mbuaċaıll beaᵹ. Bí reır-
ean níor cıúıne aᵹur níor mıne ná
bíoó. Ba ṁınıce ı n-a ḟuıóe é 'ná aᵹ
rıc leır ḟéın aᵹ ḟuo na nᵹarranca
mar ba ᵹnáċaċ leır roıṁe rın. Níor
cluıneaó aᵹ ᵹáıríóe ná aᵹ ᵹabáıl
ḟuınn é coṁ mınıc ır cluınci. Má cuᵹ
na ḟáınleoᵹa an méıo reo ḟá óeara,
aᵹur ní abrócaınn náᵹ cuᵹ, ır cınnce
ᵹo raıó brón orca ḟaoı.

Cuaıó an raṁraó carc. O'annaṁ

a ċorruiġeaḋ Eoġainín amaċ ar an tsráid, aċt é i n-a ṡuiḋe go sásta ar ṁullaċ na haille ag féaċaint ar na fáinleogaiḃ agus ag éisteaċt le n-a gceileaḃar. Ċaiteaḋ sé na huaireannta mar so. Ba minic ann é ó ṁoċ na maidne gur ṫáinig an "tráṫnóna gréine buiḋe"; agus ag dul isteaċ dó gaċ oiḋċe ḃíoḋ an-ċuim-se sgéalta—sgéalta áilne iongan-taċa—aige le n-innseaċt dá ṁáṫair. Nuair a ċeistniġeaḋ sise é fá na sgéaltaiḃ seo, deireaḋ sé i gcoṁ-naiḋe léiṫi gurab ó na fáinleogaiḃ d'ḟáġaḋ sé iad.

III.

Ḃeannuiġ an sagart isteaċ tráṫ-nóna.

"Cia ċaoi ḃfuil Eoġainín na nÉan an aimsir seo, a Eiḃlín?" ar seisean. ("Eoġainín na nÉan" a ḃí mar ainm ag na malraċaiḃ eile air i ngeall ar an gcion a ḃí aige do na héanlaiṫ).

"Muise, a Aṫair, ní raiḃ sé ċoṁ maiṫ le fada an lá is atá sé ó ṫáinig an samraḋ. Tá luiṡne i n-a

Leiceann nač ḃṗaca mé ann ṗiaṁ ṗoiṁe."

Ḃreaṫnuiġ an raġarṫ go géar uirṫi. Ṫug ṗeirṗean an tuirṗe ṗin ṗá ḋeara le tamall, aċt má ṫug, níor ṁeall ṗí é. Ṫug ḋaoine eile ṗá ḋeara ṗṗeiṗin í agur, má ṫug, níor meall ṗí iaḋ. Aċt ba léir gur meall ṗí an ṁáṫair Ḃí ḋeoṗa i ṗúiliḃ an ṫṗaġairṫ, aċt ḃí Eiḃlín ag ṗaḋugaḋ na teineaḋ ir ṁ ṗaca ṗí iaḋ. Ḃí toċṫ i n-a glór nuaiṗ a laḃaiṗ ṗé aṗir, aċt níoṗ ṫug an máṫaiṗ ṗá ḋeara é.

"Cá ḃṗuil eogainín anoir, a Eiḃlín?"

"Ṫá ṗé i n-a ṗuiḋe aṗ an aill amuig 'ag cainnt leir na ṗáinleogaiḃ,' maṗ ḋeiṗeann ṗé ṗéin Ir iongantaċ an cion atá aige ḋo na néininiḃ ṗin. Ḃṗuil a ṗioṗ agat, a Aṫaiṗ, céaṗḋ ḋuḃaiṗṫ ṗé liom an lá ċeana?"

" Níl a ṗioṗ, a Eiḃlín."

" Ḃí ṗé 'ġá ṗáḋ gur geaṗṗ anoir go mbéiḋ na ṗáinleoga ag imṫeaċṫ uainn aṗir, agur aṗ ṗeiṗean liom go toiḃ- eann, 'Céaṗḋ a ḋéanṗá, a ṁáiṫṗín,' aṗ ṗeiṗean, 'ḋá n-éalóċainn-ṗe uaiṫ leir na ṗáinleogaiḃ?' "

" ȺᵹuⱤ céⱥⱤⱰ ⱰuⱱⱥiⱤⱡ ⱡuⱤⱥ, ⱥ
eiⱱⱡíη ? "

" ⱰuⱱⱥiⱤⱡ mé ⱡeiⱤ ⱤᵹuⱥⱱⱥⱰ ⱡeiⱤ
ⱥmⱥċ ⱥᵹuⱤ ᵹⱥη ⱥ ⱱeiⱡ 'ᵹⱥm' ⱱoⱰⱤuᵹⱥⱰ.
Ⱥċⱡ ⱡⱥim ⱥᵹ cuiṁηiuᵹⱥⱰ Ɽiⱥṁ ó Ɽoiη
ⱥⱤ ⱥη ⱤuⱰ ⱥⱰuⱱⱥiⱤⱡ Ɽé ⱥᵹuⱤ ⱡⱥ Ɽé ⱥᵹ
Ɒéⱥηⱥṁ ⱱuⱥiⱰeⱥⱤⱡⱥ Ɒom. ⱧⱥⱤⱱ'
ⱥiⱤⱡeⱥċ ⱥη ⱤmⱥoiηeⱥⱰ Ɒó é, ⱥ ȺⱡⱥiⱤ,—
é imⱡeⱥċⱡ ⱡeiⱤ ηⱥ ⱡⱥiηⱡeoᵹⱥiⱰ ? "

" IⱤ iomⱰⱥ ⱤmⱥoiηeⱥⱰ ⱥiⱤⱡeⱥċ ⱡⱥᵹ-
ⱥⱤ iⱤⱡeⱥċ i ᵹcⱤoiⱰe ⱥⱥiⱤⱡe," ⱥⱤⱤ' ⱥη
Ɽⱥᵹⱥiⱡ. ȺᵹuⱤ ⱡuᵹ Ɽé ⱥη ⱰoⱤⱥⱤ ⱥmⱥċ
ⱥiⱤ Ɽéiη ᵹⱥη Ɽocⱥⱡ eiⱡe ⱥ ⱤⱥⱰ.

.   .   .   .

" Ⱥᵹ ⱱⱤioηᵹⱡóiⱰiᵹ mⱥⱤ iⱤ ᵹηⱥⱡⱥċ
ⱡeⱥⱡ, ⱥ EoᵹⱥiηíΗ ? "

" Ηi heⱥⱰ, ⱥ ȺⱡⱥiⱤ. Ⱡⱥ mé ⱥᵹ
cⱥiηηⱡ ⱡeiⱤ ηⱥ ⱡⱥiηⱡeoᵹⱥiⱰ."

" Ⱥᵹ cⱥiηηⱡ ⱡeo ? "

" 'SeⱥⱰ, ⱥ ȺⱡⱥiⱤ. ⱱímiⱰ ⱥᵹ cⱥiηηⱡ
ⱡe céiⱡe i ᵹcoṁηⱥiⱰe."

" ȺᵹuⱤ coᵹⱥⱤ. CéⱥⱰⱰ ⱥ ⱱíoⱤ Ɽiⱱ ⱥ
ⱤⱥⱰ ⱡe céiⱡe ? "

" ⱱímiⱰ ⱥᵹ cⱥiηηⱡ ⱥⱤ ηⱥ cⱤíoċⱥiⱰ i
ⱱⱤⱥⱰ uⱥiηη ⱥ mⱱíoηη Ɽé i η-ⱥ ⱤⱥṁⱤⱥⱰ i
ᵹcomηⱥiⱰe ioηηⱡⱥ, ⱥᵹuⱤ ⱥⱤ ηⱥ ⱤⱥiⱤⱤᵹiⱰ
Ɽiⱥⱱⱥiηe Ɽⱥη ⱥiⱡ ⱥ mⱱⱥiⱡⱡeⱥⱤ ηⱥ

luingir, agur an na catracaib aol-
geala a gcomnuigeann na pígte
ionnta."

Táinig iongnaó a croioe an an
ragapt map táinig ap an mátaip
poime pin.

"Cupa a bíor ag cup píor ap na
neitib peo agur iao-pan ag éirteact
leat, ir coptail?"

"Ní mé, a Ataip. Iao-pan ir mó a
bíor ag cainnt agur mire ag éirteact
leo"

"Agur an otuigeann tú a gcuio
cainnte, a Eogainín?"

"Tuigim, a Ataip. Nac otuigeann
tupa í?"

"Ní go pó-mait a tuigim í. Déan
áit oom ap an aill annpin agur
puioprò mé tamall go mínigrò tú
oom céapo bíor piao a páo."

Suar leir an ragapt ap an aill
agur puio le haip an garúipín. Cuip
ré a láim pá n-a muineál ir topuig ag
baint cainnte ap.

"Minig oom céapo a bíor na cáin-
leoga a páo leat, a Eogainín."

"Ir iomóa puo a bíor piao a páo

liom. Iꞃ iomᵭa ꞃᵹéal bꞃeaᵹ innꞃiᵹ.
eaꞃ ꞃiaᵭ ᵭom. An bᵱaca tú an
t-éinín ꞃin a ċuaiᵭ taꞃt anoiꞃ ᵭiꞃeaċ,
a átaiꞃ?"

"Ċonnaiceaꞃ."

"Sin í an ꞃᵹéalaiᵭe iꞃ cliꞃte oꞃta
aꞃ ᵱaᵭ. Tá a neaᵭ ꞃin ᵱá'n eiᵭean
atá aᵹ ᵱáꞃ oꞃ cionn ᵱuinneoiᵹe mo
ꞃeompa-ꞃa. Aᵹuꞃ tá neaᵭ eile aici
ꞃan ᵭoṁan Ċeaꞃ—aici ᵱéin iꞃ aᵹ a
céile."

"A' bᵱuil, a Eoᵹainín?"

"Tá—neaᵭ beaᵹ álumn eile na
mílte iꞃ na mílte míle aꞃ ꞃo. Náċ
aiꞃteaċ an ꞃᵹéal é, a átaiꞃ?—a ꞃáᵭ
ᵹo bᵱuil ᵭá ċeaċ aᵹ an bᵱáinleoiᵹín
aᵹuꞃ ᵹan aᵹainne aċt aon teaċ
aṁáin?"

"Iꞃ aiꞃteaċ ᵹo ᵭeiṁin. Aᵹuꞃ cia
an ꞃóꞃt tíꞃ i n-a bᵱuil an teaċ eile
ꞃeo aici?"

"Nuaiꞃ a ᵭúnaim mo ꞃúile ᵱeicim
tíꞃ uaiᵹneaċ áiᵭbéil. ᵱeicim anoiꞃ í,
a átaiꞃ! Tíꞃ ionᵹantaċ uatṁaꞃ.
Níl ꞃliaᵭ ná cnoc ná ᵹleann innti, aċt
í i n-a maċaiꞃe ṁóꞃ ꞃéiᵭ ᵹainṁeaċ.
Níl coill ná ᵱéaꞃ ná ᵱáꞃ innti,

aċt an talaṁ ċoṁ lom le cnoiḋe do
ḃoire. Ġaineaṁ an ḟaḋ. Ġaineaṁ
ḟá do ċoraiḃ. Ġaineaṁ an ġaċ taoiḃ
ḋíot. An ġrian aġ rṗalpaḋ or do
ċionn. Ġan néall an ḃit le ḟeiceál
ran rṗéir. É ġo han-te. Annro ir
annrúḋ tá ball beaġ ḟéarać map a
ḃeaḋ oileáinín i láp ḟairnġe. Cúpla
crann áro aġ ḟáp an ġaċ ball aca.
Ḟaṙġaḋ ó ġaoit aġur ó ġṙéin aca.
Ḟeicim an oileán de na hoileánaiḃ reo
aill áro. Aill mór ṁilltеaċ. Tá
rġoiltеaḋ inr an aill, aġur inr an
rġoiltеаḋ tá neaḋ ḟáinleoiġín. Sin
i neaḋ m'ḟáinleoiġín-re."

" Cia d'innir an méiḋ reo ḋuit, a
eoġaimín ? "

" An ḟáinleoġ. Caiteann rí leat
a raoġail inr an tír rin, í héin ir a
céile. Naċ aoiḃinn an raoġal atá aca
an an oileáinin uaiġneaċ úḋan i láp na
ḋítṗeiḃe ! Ní ḃíonn ḟuaċt ná ḟliċe
ann, rioc ná rneaċta, aċt é i n-a
raṁraḋ i ġcoṁnaiḋe. . . . Aġur i
n-a ḃiaiḋ rin, a Aṫair, ní ḃéanann riaḋ
ḋearmaḋ an a neiḋ ḃiġ eile annro
i néirinn, ná an an ġcoill, ná an an

rpután, ná ᴀp na ꝼuinnreoᴣaiꝺ, ná opm·
pᴀ, ná ᴀp mo ṁátaıp. Ᵹaċ bliaꝺaın
pan eappaċ cloıreann ꝼıaꝺ mᴀp a beaꝺ
coᵹapnaıᵹıl ı n-ᴀ ᵹcluaıp ’ᵹá páꝺ. leo
ᵹo ḃꝼuıl na coıllꞇe ꝼá ꝺuılleaꝺap ı
nᴱıpınn, ıp ᵹo ḃꝼuıl an ᵹpıan aᵹ
ꝺeallpuᵹaꝺ ᴀp na bánꞇaıꝺ, ıp ᵹo ḃꝼuıl
na huaın aᵹ méıꝺlıᵹ, ıp ᵹo ḃꝼuılım-
pe aᵹ ꝼanᴀċꞇ leo-pan. Aᵹup páᵹann
ꝼıaꝺ plán aᵹ a n-ápup pan ꞇíp ċoıṁıᵹ-
ꞇıᵹ ıp ımꞇıᵹeann ꝼıaꝺ pómpa ıp ní
ꝺéanann ꝼıaꝺ pꞇaꝺ ná coṁnaıꝺe ᵹo
ḃꝼeıceann ꝼıaꝺ bapp na ḃꝼuınnreoᵹ
uaꞇa aᵹup ᵹo ᵹcluıneann ꝼıaꝺ ᵹlóp
na haꝺann ıp méıꝺleaċ na n-uan.”

Ḃi an páᵹapꞇ aᵹ éıpꞇeaċꞇ ᵹo
haıpeaċ.

“Ó!—aᵹup naċ ıonᵹanꞇaċ an ꞇ-aıp-
ꞇeap aca ē ó’n Ꝺoṁan Ꞇeap! Fáᵹann
ꝼıaꝺ an maċaıpe móp ᵹaınṁe ı n-ᴀ
nꝺıaıꝺ aᵹup na pléıꝺꞇe ápꝺa maola
aꞇá ᴀp a ımeall aᵹup ımꞇıᵹeann ꝼıaꝺ
pómpa ᵹo ꝺꞇaᵹann ꝼıaꝺ ᵹo ꝺꞇí an
ṁuıp ṁóp. Aṁaċ leo ꞇap an muıp aᵹ
eıꞇeall ı ᵹcoṁnaıꝺe ’ᵹcoṁnaıꝺe ᵹan
ꞇuıppe ᵹan ꞇpaoċaꝺ. Feıceann ꝼıaꝺ
píop uaꞇa na ꞇonnꞇpaċa ꞇpeaꞇan-

móra, aᵹus na luingeas aᵹ treaḃaḋ na
oileánn, aᵹus na reolta ḃána, aᵹus
faoileáin aᵹus cailleaċa ḃuḃa na
fairrᵹe, aᵹus ionᵹantais eile naċ
ḃféaḋrainn cuiṁniuᵹaḋ orta. Aᵹus
sᵹaitte éirᵹeann ᵹaoṫ aᵹus ᵹála is
feiceann siaḃ na lonᵹa ḃá mḃáṫaḋ is
na tonntraċa aᵹ éirᵹe i mullaċ a
ċéile; aᵹus bionn siaḃ féin, na créat-
úis, ḃá ḃtuarᵹain leis an nᵹaoit aᵹus
ḃá nḃallaḋ leis an mḃáirtiᵹ aᵹus leis
an ráile nó ᵹo mḃaineann siaḃ amaċ
an tír fá ḃeireaḋ. Tamall ḃóiḃ
annsin aᵹ imteaċt rómpa aᵹus iaḃ aᵹ
féaċaint as páirceannáiḃ féarṁara is
as coilltiḃ barr-ᵹlasa is as cruaċaiḃ
ceann-árḃa is as loċaiḃ leaṫna is as
aiḃneaċaiḃ áilne is as ċaṫraċaiḃ breaᵹ-
ṫa mar ḃeaḋ i ḃrictiúiriḃ ionᵹan-
taċa aᵹus iaḃ aᵹ breaṫnuᵹaḋ orta
síos uaṫa. Feiceann siaḃ ḃaoine aᵹ
obais. Cluineann siaḃ beiṫiḋiᵹ aᵹ
ᵹéimniᵹ, aᵹus páirtí aᵹ ᵹáiriḋe,
aᵹus cloᵹa ḃá mḃualaḋ. Aċt ní
staḃann siaḃ aċt aᵹ síor-imteaċt nó
ᵹo ḃtaᵹann siaḃ ᵹo bruaċ na mara
arís, aᵹus ní sos ḃóiḃ annsin ᵹo
mḃuaileann siaḃ tír na hÉireann."

Leᴀn Eoᵹᴀinín ᴀip ᴀᵹ lᴀbᴀipt mᴀp
peo ᴀp ᵱeᴀb i bᵱᴀb, ᴀn pᴀᵹᴀpt ᴀᵹ
éipteᴀċt le ᵹᴀċ ᵱocᴀl bᴀ nbubᴀipt
pé. biobᴀp ᴀᵹ peᴀnċup nó ᵹup tuit
ᴀn bopċᴀbᴀp ᴀᵹup ᵹup ᵹlᴀoib ᴀn
mᴀtᴀip ipteᴀċ ᴀp Eoᵹᴀinín. Cuᴀib
ᴀn pᴀᵹᴀpt ᴀ bᴀile ᴀᵹ mᴀċtnᴀm bó
ᵱéin.

IV.

b'imtiᵹ ᴀn luᵹnᴀpᴀ ᴀᵹup ᴀn
ᵯeᴀbon ᵱóᵹᵯᴀip. bi ᴀn beipeᴀb
ᵱóᵹᵯᴀip leᴀt-ċᴀitte. be péip mᴀp bi
nᴀ lᴀeteᴀnntᴀ ᴀᵹ bul i nᵹioppᴀċt bi
Eoᵹᴀinín ᴀᵹ éipᵹe ní bᴀ bpónᴀiᵹe.
b'ᴀnnᴀᵯ ᴀ lᴀbᴀipᵹeᴀb pé le n-ᴀ
ᵯᴀtᴀip ᴀnoip, ᴀċt ᵹᴀċ oibċe poim bul
ᴀ ċoblᴀb bó póᵹᴀb pé ᵹo bil ᴀᵹup
ᵹo bíoċpᴀċ í ᴀᵹup beipeᴀb pé—

"ᵹlᴀoib opm ᵹo moċ ᴀp mᴀioin, ᴀ
ᵯáiċín. Ip beᴀᵹ ᴀn ppáp ᴀtá ᴀᵹᴀm
ᴀnoip. béib piᴀb ᴀᵹ imteᴀċt ᵹᴀn
mópán moille."

ᵹeᴀluiᵹ lá áluinn i láp nᴀ míopᴀ.
ᵹo luᴀt ᴀp mᴀioin tuᵹ Eoᵹᴀinín ᵱá
beᴀpᴀ ᵹo pᴀib nᴀ ᵱáinleoᵹᴀ ᴀᵹ
cpuinniuᵹᴀb le ċéile ᴀp bᴀpp ᴀn
tiᵹe. níop ċoppuiᵹ pé ó n-ᴀ ᵱuib-

eacán aṗ ṗeaḋ an lae ṗin. Aġ ceaċc
iṗceaċ ḋó cṗáċnóna, aṗ ṗeiṗean le
n-a ṁáċaiṗ—

"béiḋ ṗiaḋ aġ imceaċc i mbáṗaċ."

"Cá ḃṗioṗ ḋuic, a ġṗáḋ ġil?"

"Ɗuḃaiṗc ṗiaḋ liom inḋiu é. . . . .
a ṁáiṗín," aṗ ṗeiṗean aṗíṗ, caṗ éiṗ
ṗġacaiṁ ḋó i n-a ċoṗc.

"Céaḋ é héin, a leanḃín?"

"Ní ṗéaḋṗaiḋ mé ṗanaċc annṗo
nuaiṗ a ḃéaṗ ṗiaḋ imċiġce. Caiċṗiḋ
mé imceaċc i n-éinḋiġ leo . . . . ġo
ḋcí an cíṗ i n-a mbíonn ṗé i n-a ṗaṁ-
ṗaḋ i ġcoṁnaiḋe. Ní ḃeiċeá uaiġ-
neaċ ḋá n-imceoċainn?"

"Ó! a ṗcóiṗ, a míle ṗcóṗ cú, ná
laḃaiṗ maṗ ṗin liom!" aṗṗ' an ṁáċaiṗ
aġ bṗeiċ aiṗ aġuṗ 'ġá ḟáṗġaḋ le n-a
cṗoiḋe. "Níl cú le éalóḋ uaim! An
nḋóiġ, ní ṗáġṗá ḋo ṁáiṗín aġuṗ
imceaċc i nḋiaiḋ na ḃṗáinleoġ?"

Ní ḋuḃaiṗc eoġainín ṗocal aċc i
ṗóġaḋ aṗíṗ iṗ aṗíṗ.

. . . .

Ṡealuiġ lá eile. Ḃí an buaċaillín
beaġ i n-a ṗuiḋe ġo moċ. Ó ċúṗ lae
ḃí na céaḋca ṗáinleoġ bailiġce le

céile aṛ ṁullaċ an tiġe. Ó am go
ham o'imtiġeaḋ ceann nó péiṛe aca
aguṛ o'ḟilleaḋ aṛíṛ, maṛ ḃeiḋíṛ ag
ḃṛeatnuġaḋ aṛ an aimṛiṛ. Fó
ḋeiṛeaḋ o'imtiġ péiṛe ṛ níoṛ ḟill
ṛiaḋ. O'imtiġ péiṛe eile. O'imtiġ
an tṛíoṁaḋ péiṛe. Ḃí ṛiaḋ ag im-
teaċt i noiaiḋ a ċéile annṛin go otí
náṛ ḟan aċt aon ṛgata ḃeag aṁáin aṛ
ṛtuaic an tiġe. Ḃí an péiṛe a ċáinig
aṛ otúṛ an tṛáċnóna eaṛṛaiġ úo ṛé
ṁí ṛoiṁe ṛin aṛ an ṛgata ḃeag ṛo.
Iṛ cóṛṁáil go ṛaiḃ leiṛge oṛta an
áit ḟágáil.

Ḃí Eoġainín 'gá ḃṛaiṛeaḋ ó'n aill.
Ḃí a ṁátaiṛ i n-a ṛeaṛaṁ len' aiṛ.

O'éiṛiġ an ṛgata ḃeag éinín ṛan
aeṛ aguṛ ċugaoaṛ aġaiḋ aṛ an Ooṁan
Ċeaṛ. Ag imteaċt oóiḃ taṛ ḃaṛṛ na
coille o'ḟill péiṛe aṛ aiṛ,—an péiṛe
a ṛaiḃ a neaḋ oṛ cionn na ḟuinncoiġe.
Anuaṛ leo ó'n ṛṗéiṛ ag oéanaṁ aṛ
Eoġainín. Ċaṛt leo annṛin, iaḋ ag
eiteall i n-aice leiṛ an talaṁ.
Cuimil a ṛgiaċáin oe ġṛuaiḋ an
ġaṛúiṛín aguṛ iaḋ ag ṛguaḃaḋ leo
taiṛiṛ. Suaṛ leo ṛan aeṛ aṛíṛ, iaḋ

aʒ labaiʇ ʒo bɼónaċ, aʒuɼ aɼ ʒo
bɼáʇ leo ɪ noɪaɪ́o na coda eɪle.

"a ṁáċaɪɼ," aɪɼa ᴇoġaínín, "ʇá
ɼɪao aʒ ʒlaoóaċ oɼm. 'ᴄeaɼa
uaɪʇ ʒo oʇí an ʇíɼ a mbíonn an ʒɼɪaɼ
aʒ ɼoɪllɼɪuʒao ɪ ʒcoṁnaɪoe ann,—
ʇeaɼa uaɪʇ, a ᴇoġaínín, ʇaɼ na
faɪɼɼʒɪo fɼaoċoa ʒo oʇí ʇíɼ an
ʇɼoluɪɼ,—ʇeaɼa uaɪʇ, a ᴇoġaínín na
nᴇan!' ni féaoaɪm ɪao a eɪʇeaċ.
beannaċʇ aʒaʇ, a ṁáɪʇɼín,—mo ṁíle
míle beannaċʇ aʒaʇ, a ṁáɪʇɼín mo
ċɼoɪoe. ᴄáɪm aʒ ɪmċeaċʇ uaɪʇ
. . . ʇaɼ na faɪɼɼʒɪo fɼaoċoa
. . . ʒo oʇí an ʇíɼ ɪ n-a mbíonn ɼé
ɪ n-a faṁɼao ɪ ʒcoṁnaɪoe."

leɪʒ ɼé a ceann ɼɪaɼ aɼ ʒualaɪnn
a ṁáʇaɼ aʒuɼ ċuɪɼ ɼé oɼnao aɼ.
cluɪneao ʒol mná ɪnɼ an áɪʇ uaɪʒnɪʒ
úo—ʒol máʇaɼ aʒ caoɪneao a
páɪɼʇe. bí ᴇoġaínín ɪmċɪʒʇe ɪ
bɼoċaɼ na bfáɪnleoʒ.

. . . .

ċuaɪo an fóʒṁaɼ ɪɼ an ʒeɪmɼeao
ʇaɼʇ aʒuɼ bí an ʇ-eaɼɼaċ aɼ faʒáɪl
aɼíɼ. bí na coɪllʇe fá ouɪlleaoaɼ, ɪɼ
na huaɪn aʒ méɪoüʒ, ɪɼ an ʒɼɪan aʒ

G

veallnugaṫ aṙ na ḃáncaiḃ. Cṙáꞇnóna
glóṙṁaṙ ṡan Aiḃṙeán ꞇáinig na ṡáin-
leoga. Ḃí ṡoluṡ iongancaċ ag ḃun na
ṡpéiṙe ṡan iaṙꞇaṙ maṙ ḃí ḃliaḋain an
ꞇaca ṡin. Ḃí ṡéiṡ ċeoil ag na ħéan-
laiṫ ṡan ᵹcoill. Ḃí ᴅuan ᴅá canaḋ
ag na conncṙaċaiḃ aṙ an cṙáiᵹ. Aċc
ní ṙaiḃ aon ᵹaṙúiṙín ṡionn-ḃán i n-a
ṡuiḋe aṙ ṁullaċ na haille ṡá ṙᵹáꞇ
na ḃṡuinnṙeog. Iṙꞇiᵹ inṡ an ꞇeaċ ḃí
bean ṡonṙaic ag caoi coiṙ ꞇeineaḋ.

".... 'S a ṁaicín ṁúiṙniᵹ," aṙ
ṡiṙe, "ṡeicim na ṡáinleoga ċugam
aṙíṡ, aċc ní ṡeicṡiḋ mé ꞇuṙa ċugam
go ᴅeo."

Cuala na ṡáinleoga í aguṙ iaᴅ aᵹ
ᴅul ꞇaṙ an ᴅoṙaṙ. Níl a ṡioṙ aᵹam
an ᵹcuala Eoᵹainín í, maṙ ḃí ṙé na
mílꞇe mile i ᵹcéin .... inṡ an ꞇíṙ i
a-a mbíonn ṙé i n-a ṡaṁṙaḋ i ᵹcom-
naiᴅe

(a cṙíoċ ṡin.)

Foclóir.

Only the more difficult words, or words which
illustrate some peculiarity of local usage in pro-
nunciation, vocabulary, or idiom, are included
in this Foclóir. As a rule only the meanings
occurring in the text are noted.

a, poss. adj, his, her, their · note the usage in
such locutions as a ᴅa ꝼúil, his two eyes;
a ḃá ꝼúil, her two eyes; a leaṫ-ꝼúil, his
eye; a leaṫ-ꝼúil, her eye.

aḃroló́ᴅ, -e, f., absolution (commonly *pron*
earḃló́ᴅ; maiṫeaṁnaꝼ, *pron.* maiṫeaṁnaꝛ
is, however, the popular word).

aclaiᴅe, a., free in motion, nimble, active.

aguiꝛín, gs. id., -í, m., an addendum.

aiḃneaċ, -niġe, a., abounding in rivers.

áiᴅḃéil, -e, npl. id., f., exaggeration.

áiᴅḃéil, -e, a., awful.

aill (pron. áill in Iar-Chonnachta), -e, -lꝛeaca,
f., cliff, boulder, rock; in the Ros Muc dis-
trict áill is applied to any large rock or
boulder, even though it be far from reaching
the dignity of a "cliff"; caꝛꝛaiġ is restricted
to a rock standing in water.

áilleán, -áin, npl. id., m., a beautiful object,
ba ᴅeaꝛ an ṫ-áilleán é, he was a charming
sight, he made a pretty picture.

ainṁiᴅe, gs. id, npl. -óṫe (also ainṁinṫe), m,
an animal, a brute.

aiꝛᴅ, -e, f., attention, heed; iꝛ iomḃa ꝼuaim
ċeolṁaꝛa ḃi le cloiꝛṫeáil, an ṫé a mbeaᴅ
aiꝛᴅ aiġe oꝛṫa, many were the musical
sounds which might have been heard, if one
had ears to hear them.

aiꝛṁiġim, -ꝛeaṁ, m, I count, reckon; ní aiꝛ-
ṁiġim báḃóiġín, not to say a doll, much
less a doil.

aiꝛ, -e, f., side, back, etc.; ṫaꝛ aiꝛ, aꝛ aiꝛ
back, backwards; ꝼáġaim lem' aiꝛ, I assert,
I solemnly declare.

Aıꞃceac, -ꞇıᵹe, a., curious, odd; ᵹac cluaꞃ a
b'aıꞃꞇıᵹe 'ná a céıle, the oddest imagin-
able tricks (lit. every trick odder than the
one before)

Áıꞇ, -e, npl. -eaca and -eanna, f., place; ꞃan
aıꞇ (followed by loc. rel.), ın the place
where; often almost = whereas, inasmuch
aꞅ.

Aıꞇne, gs. id , f., acquaintance; nac ᵹcuıꞃꝼıóe
b. ı n-aıꞇne óı, to whom B. would not be
ıntroduced.

Am, gs. -a, npl. -anna, -annꞇa, time ; amannꞇa,
at times, sometimes; am oınnéıꞃ, at dinner-
time; ꞇá ꞃé ı n-am coolaꞇa, it is bed-
time; bí ꞃé ı n-am aıcı, it was time for
her.

Amac, adv., out; in phr. amac annꞃo, "out
here," bye-and-bye.

ámꞇac, conj, however (a living word in Iar-
Chonnachta amongst good speakers).

Anacaın, -e and -cna, f., hurt, harm, damage.

Ann. ın phr. ꞃeaꞃ ann ꝼéın, a man apart, a man
suı generıs

Aoıbneaꞃ, -a and -nıꞃ, m., delight; aoıbneaꞃ
ouıne a ꞇoıl, a person's will is his delight
("everyone to his fancy").

Aol-ᵹeal, -ᵹıle, a., lime-bright, as white as
lime.

Aonꞃaıc, -e, a., lone, solitary (this, not aonꞃac,
is the adj in use).

Áꞃo, in phr. ı n-áꞃo a ᵹoꞇa, at the top of her
voice

Aꞃꞃaınᵹ, -e, npl. -eaca and -ꞇe, f., a "stitch"
ın the sıde, a dart of pain.

Áꞃuꞃ, -uıꞃ, npl. id., m , abode.

Baboᵹ, -óıᵹe, -oᵹa, f., a doll; dim. babóıᵹín,
gs. id., npl. -ı, also f. (not m).

Bacla, -nn (and baıcle), npl. -aí, f., the armꞅ,
aꞇ armꝼ:l; ı n-a baclaınn, in her arms, on
ꞇ aꞃm.

Baᵹaıꞃꞇ, -ꞃꞇa, m., act of threatening, nodding .
aᵹ baᵹaıꞃꞇ a mullac, rearing their frown-
ing crests

baınım, -nc, v. tr. and intr., I cut, take, etc.;
a baın leıp, that meddled with it; baın an
laıpce ve'n vopap, unlatched the door;
nıop baın pí méap vá ppóın, a somewhat
slang expression = "she did not cry halt,"
níopb' paoa a baın pé ap, he did not take
long (to complete a journey): ʒo mbaıneann
pıav amac an cıp, till they reach land.

baınne bó blıoccáın, m., buttercup (ranunculus
auricomus).

baınc, -e, f., act of cutting, taking, etc. aʒ
baınce caınnce ap. getting talk out of him
making him talk; aʒ baınc pʒéalca apca,
making them tell stories.

baıpbpe, gs. id., f., Barbara (almost the com-
monest female name in the district).

baıpcım, -ceav, v. tr., I baptise, christen.

baıcım, -ácav, v. tr. and intr., I drown, founder
(of a vessel).

baıbán, -aın, npl. id., m., a stammerer, a
dummy.

ball, -aıll, npl. id., m., limb, spot; ap ball
beaʒ, just now.

bán, -áıne, a., white, fair-haired; (of a road,
etc.), bare.

bán, -áın, and -ca, m , lea-land, pasture-land.

bápval, -aıl, npl. id., m., a drake.

bapp, -aıpp, npl. -a and -anna, m., top, etc.;
map bapp ap, in addition to, "on the top
of"; le bapp pıméıo, with excess of joy,
in pure delight.

bapp-ʒlap, -aıpe, a , green-topped (of woods).

bópuıʒce, gsf, id , killed, dead.

bealac, -aıʒ, npl. id. and -aıʒe, m , way, etc.;
in phr. ap an mbealac, "out of the way,"
beyond bounds, wrong.

beapclı, gsf. id., " Bartly," one of the common-
est names in South Connacht

béıc, -e, npl. -í and -eaca, f., cry, roar.

béıle, gs. id., npl. -lí, m., a meal.

beıcıveac, -óıʒ, npl. id., m., a beast, especially
a beast of the ox tribe.

beo, gs. id. and bí, npl. beova, m , life: in phr
le mo beo, as long as I live.

bíveac. -oıʒe, a., tiny.

bınn, -e, npl. beᴀnnᴀ, f., gable.

boḃcᴀ, gsf., id., npl. -í, m., an occasion; boḃcᴀ ᴀṁᴀın, once.

boᵹᴀ, gs. id., npl. id. and -í, bow.

boróᵹ, -óıᵹe, -ᴀ, f., slap, smack.

bᴘᴀ:ᴄᴌín, gs. id., npl. -í, m., sheet.

bᴘéᴀᵹᴀn, -ᴀın, npl. id., m., toy.

bᴘᴉcᶠᴀrcᴀ, gs. id., npl. -í, m., "breakfasᴄ."

bᴘıonᵹᴌóıᴅeᴀċ, -ᴏıᵹe, f., act of dreaming.

buᴀıᴌe, gs. id., npl. -ᴌce and -ᴌceᴀċᴀ, f, a field where cattle are kept, a paddock.

buᴀıᴌım, -ᴀᴌᴀḃ, v. tr., I strike; buᴀıᴌım ᴘoıᴘ, I "strike" (go) west; buᴀıᴌım ıᴘceᴀċ, I enter (a house, etc.); buᴀıᴌım ᴀn bócᴀᴘ, I "strike" the road, I start (on a journey, etc.).

búcᴌᴀ, gsf. id., npl. -í, m., tress, curl (of hair).

buıᴅeᴀċ, -ᴏıᵹe, a., thankful; ᵹo buıᴅeᴀċ beᴀnnᴀċcᴀċ, thankfully and gratefully.

buıᴅeᴀn, -ne, -eᴀncᴀ, f., band, company; ᴀn buıᴅeᴀn ḃᴀᴌḃ, "the Dumb Band," a well-known game amongst children and at fire-side ᴘıᴀmᴘᴀí.

bun, -uın, -unᴀ, npl. id., base, foundation; bun nᴀ ᴘpéıᴘe, the horizon.

bunᴀıce, the greater part; bunᴀıce ᴀn ċéᴀᴅ ᴘᵹéıᴌ, the greater part of the first story.

cᴀᴅᴀıᴘ, -ᴅᴘᴀ, -ᴅᴀᴘcᴀ, -ᴅᴘᴀċ, f, help; cᴀınıᵹ ᴅo cᴀᴅᴀıᴘ uıᴘċı, came to her assistance.

cᴀıᴌᴌeᴀċ (-ᴌıᵹe, -eᴀċᴀ) ᴅuḃ, f, "black hag," applied both to the cormorant (*phalacrocorax carbo*) and to the shag (*phalacrocorax graculus*), our two commonest *pelecanidae*.

cᴀıᴌᴌım, -ᴌeᴀḃ and -ᴌeᴀṁᴀınc, v. tr., I lose; cᴀıᴌᴌeᴀḃ ᴀn c-ᴀcᴀıᴘ, the father died.

cᴀıċeᴀṁ, -ċce and cᴀıċṁe, m., act of throwing, spending, using up; ᴀᵹ cᴀıċeᴀṁ ᴀımᴘᴉᴘe ᴅóıḃ ᶠéın, amusing themselves; ᴀᵹ cᴀıᵹ´eᴀṁ ᴌéım, jumping.

cᴀnᴀḃ, -nᵹᴀ, m., act of singing; ḃí ᴅuᴀn ᴅᴀ́ cᴀnᴀḃ ᴀᵹ nᴀ cᴏnncᴘᴀċᴀıḃ ᴀᴘ ᴀn cᴘᴀ́ıᵹ, the waves were intoning an anthem on the beach.

cᴀoı, gs. id., f., act of weeping.

cᴀoıneᴀċᴀ́n, -ᴀın, m., act of crying.

Cᴀᵹɪᵤᴄeᴀċ, -ᴄɪᵹe, a., crying. wailing, moaning (of the sea).

Cᴀoᴛ. -ᴀoɪᴛe, ᴀ., slender, ɪn phr. cᴀoᴛ víᶆeᴀċ, quɪte straight; ᴘɪɴɴe ᴘí cᴀoᴛ víᶆeᴀċ ᴀᴘ e., made straight for E.

Cᴀoɪᴍ-ċeᴀɴɴ, gs. -cɪɴɴ, ɴpl id, m., comely head.

Cᴀoᴘᴄᴀɴɴ, -ᴀɪɴɴ, ɴpl. id., m, quɪcken tree, ᴍcʋɴtain-ash (sorbus aucuparia).

Cáᴘ, -ᴀɪᴘ, ɴpl. ɪd, m., case; ᴀɴ céᴀʋ cáᴘ ʋe, ɪn the first place.

Cᴀᴘᴀʋ. -ᴘᴄᴀ, m., act of twisting, turning; ᴀᵹ cᴀᴘᴀʋ ᴘuɪᴘᴄ, "turning a tune," singing or lilting.

Cáᴘʋᴀɪᴛ, -áɪᴀ, f., act of teasing wool, etc., acᴄ of scrubbing very hard.

Cᴀᴘᴄᴀɴɴᴀċ, -ᴀɪᵹe, a., kind-hearted

Cᴀᴘóɪᵹɪɴ gs. ɪd, ɴpl -í, m., a little cassock.

Cᴀᴄᴀc, -ᴀɪᵹe, ᴀ, curly-haired

Cé, ɪnterrog partic, where? (Fairly general in Connacht for cá?)

Ceᴀċᴄᴀᴘ, distrib. pr., either; with neᵹ, neither

Ceᴀᴛᴄᴀ̇ɴ, -ᴀɪᴘ, ɴpl. id., m, face. visage

Ceᴀɴɴ, gs. cɪɴɴ, ds. cɪoɴɴ, ɴpl cɪɴɴ and ceᴀɴɴᴀ, m., head; one, an individual; ɪ ɴ-ᴀ ᵹceᴀɴɴ ɪᴘ ɪ ɴ-ᴀ ᵹceᴀɴɴ, one by one; ʋᴀᴘ ᵹcɪoɴɴ, towards us

Ceᴀɴɴ-áᴘʋ, -áɪᴘʋe, high-headed. lofty (of mountains)

Ceᴀɴɴ-ċᴀᴄᴀc, -ᴀɪᵹᴘ, a., curly-headed.

Ceáᴘʋ, -ᴀ, -ᴀɴɴᴀ, m, quarter, poɪnt of the compass

Céᴀᴘóc, ɪnterrog pr, what sort ᵒ followed, likᴇ cɪᴀ ᴀɴ ᴘóᴘᴄ ɪn Con. vernac., by nom. nᴏ ᵹeɴ.; the etymology is not obvious).

Céᴀᴘᴀʋ, -ᴘᴄᴀ, m, act of torturing.

Ceɪᴛeᴀʋᴀᴘ. -ᴀɪᴘ, m., twittering, chirpɪng

Ceɪᴛᴄ, -ᴄ, f, act of concealing, denying.

Céɪᴘᴘeᴀc. -ᴘɪᵹe, -ᴘeᴀċᴀ, f., song-thrush (turdus musicus)

Ceɪᴘᴄɴɪᵹɪᴍ, -ɴɪuᵹᴀʋ, v. tr, I question.

Cɪᴀ ᴄáɴ ʋ'oʋ í, to whom does she belong (by family)? ɪ.e what is her surname?

Cɪᴀᴛᴛ. céɪᴛᴛe, f.. sense, meaning; cuᴘ ɪ ᵹcéɪᴛᴛ, act of signifying, pretending.

Cɪᴍíɴ, gs id., m., pasturage.

Cinnt, -e, f., act of failing, surpassing; tá sé ag cinnt orm, I cannot succeed, " it beats me."

Cion, ceana, m., affection, regard.

Ciotóg, -óige, -a, f., left hand; ar taoib na ciotóige, on the left.

Ciúineadar, -air, m, calm, quietness; i gciúineadar na maidne, in the morning quiet.

Ciumair, -e, npl. -mra and -eaca, f., edge, border.

Cladaċ, -aiġ, npl. id., m., beach.

Claiđe, gs. id., npl. -aca, m, a fence, esp. a stone fence.

Cleaċtað, -tca, m., act of practising, frequenting

Clireað, -rte, m., act of failing; rud a bí ag clireað uirti, a matter in which she was not succeeding

Clirim, -reað, v tr., I fail (with ar).

Cloċar, -air, npl. id., m., a group of boulders on a hillside or elsewhere

Cloigeann, -ginn, npl id., m, also gs. -gne, npl id, f., skull, head.

Cloiginin, gs. id., npl. -i, m., little head.

Clor, act of hearing, is clor vom, I hear.

Cluar, -aire, -a, f, ear; tá cluar air, he is listening attentively.

Cluṫmar, -aire, a, warm, comfortable.

Cnapaċ, -aiġe, a., knotty

Cogarnaiġil, -e, f., a whispering, the act of whispering

Cóilín, gs id., m, "little Colm," the commonest diminutive of the name in Iar-Chonnachta, coming through the English form "Colman."

Coisgeað, -gte, m., act of restraining, stopping.

Coisgim, -geað (also cosg), v tr, I prevent, stop, restrain, coisgeað ve voirvón na scuileog, the buzzing of the flies stopped.

Comluavar, -air, npl. id., m., company, family, household; comluavar fear, the company of men, sin a raib ve comluavar ann, that was the entire household.

Corr, a., occasional, odd; frequent as prefix, as in corr-fean-vuine, a few old people.

Copp (gs. cuippe, npl. coppa) eips, f., the common heron (*ardea cinerea*).

Coppuiġim, -ġe, v. tr. and intr., I move; coppuiġ leat, hurry on, "stir yourself."

Cóiṁṁeap, -a, and -ta, a., comparison, act of comparing; i ġcóiṁṁeap le, compared with

Coiṁtiġeaċ, -ġiġe, a., foreign, strange.

Coinġbiġim, coinġbeáil, v. tr. and intr., I keep, preserve.

Cóipiġte, gsf. id., a., arranged, disposed.

Coippiġim (also coippeacaim, coippiġim), coippeacan, v. tr., I bless, make the sign of the cross on; coippiġ (*pron.* nearly caippiġ) ṟé é péin, he blessed himself.

Coṁaipeaṁ, -piṁ, m., act of counting.

Coṁ-ḋéanta, gsf. id., a., well-formed.

Coṁnaiḋe, -ḋte, f., act of staying, dwelling; i n-a ḃpuil a ġcoṁnaiḋe, where they live; atá coṁnaiḋe ap mo ṟaġapt, that my priest lives.

Compánaċ, -aiġ, npl. id., m., companion.

Conġnaṁ, -ġanta (also -aiṁ), m., help; táiniġ ṫo ċonġnaṁ uippi, came to her assistance.

Cop-noċtuiġte, gsf. id., a., barefooted.

Cóta, gs. id., npl. -aí, m., coat, coat-like garment, petticoat.

Coṫpom, -uime, a., even; coṫpom ap lae inṫiu . . . anuṟaiḋ, this day twelvemonth (past).

Cpaiċeaḋ, -ċte, m., act of shaking; ap cpaiċeaḋ, trembling.

Cpéatúp, -úip, npl id., creature (often used as term of pity and endearment).

Cpíoċ, -íċe, -a, f., end, limit; territory.

Cpioplaċ, -aiġ, npl. id., m., "the circling seashore."

Cpoċaim, -aḋ, v. tr., I hang, I raise; ċpoċ a ceann, raised her head.

Cpocaḋ, -ċta, m., act of lifting, raising; 'ġá ċpoċaḋ ġo bpeaġ, "lifting" it finely (of a song).

Cpoiḋe, gs. id., npl -ḋte, m., heart; cpoiḋe ṫo ḋoipe, the centre of your palm

Cpotaċ, -aiġ, m., the common curlew (*numenius arquata*).

Cᵽuaċ, -aiċe, -a, f., "croagh," "reek," mountain.
Cᵽuaᵬóᵹaċ, -aiᵹe, a., hard-pressed, busy.
Cuaiᵽτ, -aᵽτa, -eanna, f., visit; aᵽ ċuaiᵽτ, oᵽ a particular visit; aᵽ cuaiᵽτ, visiting.
Cuaiᵽτéiᵽeaċτ, -a, f., act of visiting.
Cuiᴅ, in phr. ᴅem' ċuiᴅ héin, of my own.
Cuileoᵹ, -óiᵹe, -a, f., a fly.
Cuimlim, -ilτ, v. trs. and intrs., I rub (ᴅe, to, against).
Cuimín, gs. id., m., Cuimín (one of the charac-teristic personal names of the district).
Cuiṁne (gs. id., f.,) cinn, memory.
Cuiṁneaċ, -niᵹe, a., mindful; náᵽ ċuiṁneaċ leiᵽ, which he did not recollect.
Cuiṁniᵹim, -iuᵹaᴅ, v. intr., I remember; ċuiṁ-niᵹ ᵽí uiᵽτi féin, she remembered herself, bethought herself.
Cuimᵽe, gs. id., f., a measure, a good measure, a large number or quantity.
Cuiᵽim, cuᵽ, v. tr., I put, etc.; cuiᵽ oᵽτ, dress yourself; ᵹo ᵹcuiᵽᵽinn paiᴅiᵽ le hanam a caᵽaᴅ, that I would say a prayer for the soul of her friend; cuiᵽ paiᴅiᵽ cum ᴅé, said a prayer to God.
Cúiᵽ, in phr. ní ᴅéanᵽaᴅ τaᴅa cúiᵽ ᴅi aċτ, nothing would do her but.
Cuiτín (caiτín), gs. id., npl. -a, m., little cat, cat.
Culaiᴅ, gs. id. and -aᴅ, npl -eaċa and -lτaċa, f. and m., suit of clothes, dress; culaiᴅ an Aiᵽᵽinn, the Mass vestments.
Cuṁᴅaċ, -aiᵹ, m., act of covering, protecting.
Cuᵽ . . . τᵽí ċéile, act of turning over in the mind, debating.
Cuᵽaiċín, gs. id., npl. -í, m., a small curragh.
Cúᵽam, -aim, m., care, concern; ní cúᵽam a ᵽáᴅ, there is no need to say.
Cuτaċ, -aiᵹ, m., madness; cuτaċ ᵽeiᵽᵹe i frenzy of anger.
Cúτail, -e, a., shy.
Cúτaᵽleaċτ, -a, f., shyness,

ᴅaᵬaċ, -aiᵬċe, -a, f. and m., vessel, tub.
ᴅaonnaiᴅe, gs. id., npl. -óċe, m., human being.
ᴅéaᴅ- -éiᴅ, npl. id., m., a tooth, a row of teeth.

Deaġṁóideac, -oiġe, a., pious.

Dealḃ (-eilḃe, -a, f.) cloice nó maṛmaiṛ, a figure of stone or marble.

Deaide, gsf. id., m., "daddy"; commonly "ḃeaide" amongst children, even in the absence of an aspirating partic., but deaide (unaspirated) after the fem. poss. adj.: frequent (as in óṛa, a ḃeaide), as a mere exclamation.

Dealliṛuẓad, -uiġte, m., act of shining

Déanaṁ, -nta, m, act of making, make, fashion; véanaṁ ẓabláin aṛ a hioṛball, its tail fashioned like a fork, with forked tail.

Deaṛa, in phr. cuiṛead fá noeaṛa dó, he was compelled; tuẓ ṛé fá deaṛa, he noticed.

Deaṛẓad, -ẓta, m, act of reddening, kindling (a fire, pipe, etc.)

Deaṛẓ-laṛad, -ṛta, m., act of kindling red, a aẓaid aṛ deaṛẓ-laṛad ẓo cluaṛaiḃ, his face flushing up to his ears.

Deaṛuiẓim, -uẓad, v. tr., I arrange, dress

Deiṛṁeac, -ṛiẓe, a., hasty

'D eile, well, what else, etc., in questions and exclamations (the v is frequently slender in Iar-Chonnachta, in other districts commonly broad).

Déin, in phr. fá ḃein (with g.), towards, to meet; le cuṛ fá vo ḃéin, to send for you.

Deiṛead, -id, npl. id., m., end; gs. often used as a, "last"; na focla deiṛid, the last words.

Deiṛeact, -a, f., prettiness; bi ... aṛ ḃeiṛeact an voṁain aiẓe, he had (knew) ... in the most delightful way.

Deoṛaide. gs. id., npl -ute, m, an exile: in phr. duine nó veoṛaide, "man or mortal."

Deoṛata, gsf, id, strange.

Dil, -e, a., dear; ẓo vil aẓuṛ ẓo víoċṛac, fondly and tenderly. (a literary formula preserved by good Iar-Chonnacht seanch-aidhthe).

Dile, -ann and -linne, f, flood, the deep.

Díoċṛac, -aiẓe, a., earnest; ẓo vil aẓuṛ ẓo víoċṛac, fondly and tenderly.

Oíꝃꝱ̇ím, -ıaᵹaꝺ, v. tr. and intr., I straighten,
direct ; ꝺíꝃıᵹ ... aꞃıaꞃ ꝼa Leaꝺaıꝺ, sat up
straight in the bed.

Oíꞇꞃeaꝺ, -eıꝺe, -a., f., wilderness, desert.

Oóᵹaꝺ, -óıᵹꞇe, m., act of burning.

Ooṁaꞃ Ceaꞃ, the Southern World or Hemis-
phere, the South.

Ooṁaꞃ Cıaꞃ, the Western World, the West;
also, the western heavens, the sky in the West.

Oꞃaoıꝺeaꞇ̇, -a, f., magic.

OꞃeoıLíꞃ, gs. id., npl. -í, m., the wren (troglo-
dytes parvulus).

Oꞃıꞃıúꞃ, -úıꞃ, npl. id., m., a dresser.

Oꞃuıꝺím, vbl. n. id., and ꝺꞃuıꝺeaṁaıꞇ, v. tr.
and intr., I close; (with Le) I draw near (Le, to).

Ouaꞃ, -aıꞃe, npl. -aꞃꞇa, f., poem, hymn, anthem.

OúıL, -e, f., desire, will ; ꞇá mo ꝺúıL ı, I take
delight in.

Ouıꞃe, in phr. ı ꞃ-a ꞃꝺuıꞃe ʼꞃ ı ꞃ-a ꞃꝺuıꞃe, in
ones, one by one.

OúıꞃLıꞃᵹ, -e, -ꞇe, f., a stony beach.

eaꞇ̇ꞇꞃa, gs. id., npl. -aí. m , adventure, story (of
adventure).

eaꝺaꞃᵹuıꝺe, gs. id., f., intercession.

éaLuıᵹím, -Lóꝺ, v. intr., I steal away, escape.

éaꞃLaıꞇ̇, -e, f., birds (collectively); in s. l. takes
pl. art. : ꞃa héaꞃLaıꞇ̇, the birds.

eaꞃ, -a, npl. id., m., waterfall.

éaꞃꞃa (éaꞃꝺa), gsf. id., m., Eanna, "Enda," a
name common in the district down to the
last generation.

eaꞃLáꞃ, -áıꞃ, npl. id., m., an infirm person.

eıꝺeaꞃ, gs. -ıꞃ, m., ivy (the Connacht vernac. is
eıꝺeaꞃ; cf. ᵹuıꝺe for ᵹuıꝺe, maᵹ uıꝺıꞃ for
maᵹ uıꝺıꞃ, etc.)

éıꞃíꞃ, gs. id., npl. -í, m., small bird; chick.

eıꞇeaꞇ̇, -ꞇıᵹ, m., act of refusing, denying.

eıꞇeaLLaım, eıꞇeaLL, v. intr., I fly.

ꝼá, prep., under ; ꝼuıꝺ ꞃí ꝼúıꞇı, she sat down ;
ꝼá ṁeaꝺoꞃ Lae, at or about midday.

ꝼaꞇ̇aꞃ (rectius coꞃꞃáꞇ̇aꞃ), pass. (or auton.),
past of ꞇ̇ím, used in phr. ꝼaꞇ̇aꞃ ꝺom, often
b'ꝼaꞇ̇aꞃ ꝺom, it seemed to me

ꝼaᴅuᵹaᴅ, -uıᵹce, m., act of kindling, blowing
[tꞓc ꝼıre).

ꝼáᵹáıl, -ála, ꝼ., act of finding, getting; aꞃ
ꝼáᵹáıl, to be ꝼound, found, present.

ꝼaınıcım, v. tr. and intr., I protect; I beware
have a care; ꝼaınıc naċ bán-ꞃuaᴅ acá
ꞃé, "take care is it auburn-haired he is "=
"stay, he may be auburn-haired after all "

ꝼáınleoᵹ, -oıᵹe, -a, ꝼ., the swallow (hırundo
rustıca); also áınleoᵹ, aınleoᵹ (Aran). The
popular name in the dıstrict, however, is
lıabóᵹ leaċaıꞃ, from a fancied resem-
blance to the bat.

ꝼaıꞃe, gs. id., m., act of watching, observing (also
ꝼaıꞃeaᴅ).

ꝼáıꞃᵹım, ꝼáꞃᵹaᴅ, v. tr, I press, squeeze (le,
agaınst)

ꝼaıċċe, gs. id., npl. -eaċa, ꝼ., a green, a lawn.

ꝼánaıᴅ, gs. id, m , slope, declıvıty; le ꝼánaıᴅ,
downhill.

ꝼann, -aınne, a , faint.

ꝼaobaꞃ, -aıꞃ, npl id., m , blade; ᴅí ꝼaobaꞃ
ı n-a ꞃúılıb, his eyes were flashing.

ꝼacıleán (pron. ꝼaıᵹlleán), -áın, npl id , m.,
seagull (larus).

ꝼaoıꞃcean, -ın, npl. id., m., (this is the local
usage), confessıon.

ꝼaꞃᵹaᴅ, -ꞃᵹċa, m , act of sheltering.

ꝼáꞃᵹaᴅ, -ꞃᵹċa, m., act of sqeezing, pressıng.

ꝼeacaım, -aᴅ, v. tr. and intr , I bend, bow.

ꝼeaᴅóᵹ, -óıᵹe, -a, ꝼ, plover, esp. the goldeꞃ
plover (charadrıus pluvıalıs), perhaps the
commonest of ıts famıly

ꝼeaꞃac, -aıᵹe, a , knowing; ıꞃ ꝼeaꞃaċ ᴅom,
also ıꞃ ꝼeaꞃac mé, I am aware; ꞃuᴅ naċ
ꝼeaꞃac ᴅuıc-ꞃe nó ᴅom-ꞃa, a thing which
neither you nor I know.

ꝼeıleaṁnac, -aıᵹe, a , suıtable.

ꝼéıꞃín, gs. id., npl. -ı, m , a present, a "faıring."

ꝼeıꞃcıᵹce, gsf. id., a., arranged, settled (in Con.
very common of a garment: ᴅí a léıne
ꝼeıꞃcıᵹċe aıꞃ, hıs shirt was drawn on hım,
fastened on him).

ꝼeıꞃcıuᵹaᴅ, -ıᵹce, m., act of arranging; act of
fastening on, etc. (of a garment).

ꝼıaċáın, -e, a., wıld.

ꝼıaúnaıꞃe, gs. id., f., presence; ı ḃꝼ. (with g.), in presence of, before.

ꝼıonn-ḃán, -áıne, a., fair-haired.

ꝼıonnꝼuaꞃ, -aıꞃe, a., cool.

ꝼíoꞃ-ꝼılıúeaċꞇ, -a, f., true poetry.

ꝼlaıċeaꞃ, gs. -ċıꞃ, npl. id., Heaven, the heavens.

ꝼlıċe, gs. id., f., wetness.

ꝼoıllꞃıuᵹaú, -ıᵹċe, m., act of revealing.

ꝼolꞇ, gs. ꝼuılꞇ, npl. id. and ꝼolꞇa, m., hair of the head.

ꝼꞃaoċ, -oıċ and -oıᵹ, m., heather.

ꝼꞃıoċáıl, -ála, f., act of serving, attending; ꝼꞃıoċáıl an Aıꝼꞃınn, act of serving Mass.

ꝼꞃomꞃó ꝼꞃıamꞃó, the beginning of a nonsense rhyme used in children's games.

ꝼuamán, -áın, npl. id., m., reverberating report, booming.

ᵹaḃaım, ᵹaḃáıl, v. tr. and intr., I take, go; an ꞇé ᵹaḃꝼaú an bealaċ, the passer-by (ᵹaḃꝼaú is a new future formation which has replaced ᵹeoḃaú in C.)

ᵹaúaꞃ, -aıꞃ, npl. id., m., dog (ᵹaúaꞃ has practically replaced maúaú in the district, and is applied to dogs of all descriptions).

ᵹaıneaṁ, -nṁe, f., sand; gs. ᵹaınṁe, used as adj., sandy.

ᵹaınṁeaċ, -ṁıᵹe, a., sandy.

ᵹáıꞃúeaċaꞃ, -aıꞃ, m., act of rejoicing.

ᵹáıꞃeaꞇa, gsf. id., laughing (of eyes).

ᵹáıꞃe, gs. id., npl. -í, m., laughter.

ᵹála, gs. id., npl. -aí, m., "gale," wind, breeze.

ᵹaꞃún, -úıꞃ, npl. id., m., a child, especially a little boy; in the district ᵹaꞃún is applied to a young child of either sex: ᵹaꞃún ꝼıꞃ =little boy, ᵹaꞃún mná, little girl (ᵹeaꞃꞃċaıle is not very common, and ᵹıꞃꞃꞃeaċ is scarcely used at all, though, of course, understood).

ᵹaċ, gs. ᵹaı, ᵹaoı, npl. ᵹaeċe, etc., m., spear, javelin; beam (of light); ᵹaeċe ꞃoluıꞃ, rays of light.

ᵹealḃan (-aın, npl. id., m.) buıúe, the yellow bunting or yellowhammer (emberiza citrinella).

ʒeal-ʒáiṗe, gs. id., npl. -í, m., bright laughter, ʋrging laughter.

ʒealt, gs. ʒill, npl. id., m., pledge, etc.; in phr. ʒeall le, like, compared to; ba ʒeall le néaplaiḃ a ṽéaṽ, her teeth were like pearls.

ʒeallaṽ, -ta, m , promise; ḃain ʒeallaṽ ṽíom, exacted a promise from me.

ʒeallaim, -laṽ, -aṁainт, v. tr. and intr , l promise, vouchsafe , ʒeallaṽ ṽom, it has been granted (vouchsafed) to me

ʒeallta, gsf. id , a , promised, granted, appointed.

ʒealuiʒim, -uʒaṽ, v. intr, l grow bright; dawn (of a day)

ʒeam-caoc, -oice, a , purblind

ʒean, -a, -ta, m., affection.

ʒeanncaċ, -aiʒe, a , snub-nosed.

ʒeanṙaṽ, -ṗta, m., act of cutting; aʒ ʒeaṗṗaṽ coṁaṗta na cṗoiṗe uiṗti ꝼein, making the sign of the cross on herself; aʒ ʒeaṗṗaṽ na ꝼliʒeaṽ, cutting the way, making speed

ʒeaṗṗ-ḃoṽaċ, -aiʒ, npl. id., m., a stripling

ʒéiltim, -leaṽ, v. intr., I yield, admit.

ʒéimneaċ, -niʒ, m., act of lowing.

ʒioṽán, -áin, npl. id., m., a small plot (of ground, grass, etc.)

ʒioṗṗaċt, -a, ꝼ, shortness; aʒ ṽul i nʒioṗṗaċt, growing shorter.

ʒionnán, -áin. npl. id., m., a gelding, a horse.

ʒiṗṗreac. -ṗiʒe, -a, f., (pron. ʒioṗṗreaċ), a little girl ; dim. ʒiṗṗreaċáin, gs. id., npl -í, f.

ʒlanaim, -aṽ, v. tr. and intr., I clean, clear; ʒlanaim liom, I "clear off," disappear; ni túiṗʒe a ṽinnéaṗ caitte aiʒe 'ná ʒlanaṗ ṗé leiṗ, the instant he has finished his dinner he clears off.

ʒlan-ṁeaḃaiṗ, -ḃṗaċ, f., in phr. ṽe ʒlan-ṁeaḃaiṗ, by memory, by rote.

ʒlé. gsf. id., a., clear.

ʒleoite, gsf. id , a., charming, delightful.

ʒliaṽaṗ. -aiṗ, m., chatter.

ʒlinn, -e, a., pure, clear.

ʒnúiṗ, -e, npl. id., f.. countenance.

ʒo cé, interrog. pr., what? (doubtless a fusion of ʒoiṽé and cia).

ᵹoití, (vernac. for ᵹoċɑíóe, npl. of ᵹoċɑo, -ɑıᵹ, -ɑıᵹe, m.,) antics.

ᵹoıᵹıo, in phr. ᵹo oti le ᵹoıᵹıo, until lately.

ᵹᵹáınneoᵹ, -oıᵹe, npl. -ɑ, f., hedgehog (erinaceus europæus).

ᵹᵹeɑᴅɑım, -ɑó, v. tr., I beat; ᵹneɑo leɑc ᵹıoᵹ, be off down.

ᵹᵹıoᵹáıl, -álɑ, f., a whipping.

héın, colloquial for ᵹéın (héın, not ᵹéın, is the pronunciation); oem' cuıo héınín héın, of my very very own.

hóbɑıᵹ (for o'ᵹóbɑıᵹ, apparently 3rd s. past of ᵹóbᵹɑım, -bɑıᵹc and -bɑıᵹ, v. tr. and intr., I commence, undertake), in phr. hóbɑın (also hobɑıᵹ) ᵹo, it had like; hóbɑıᵹ ᵹo mbáıcᵹɾᴅe (note tense) i. she had like to be drowned.

ıɑllɑċ, in phr. ɑ cuᵹ o'ıɑllɑċ ɑıᵹ, to compel him.

ıɑᵹᵹɑċc, -ɑ, npl id., f., an attempt; cuᵹ ᵹɑ ıɑᵹᵹɑċc ᵹá, she endeavoured.

ıɑᵹᵹɑıᵹ, -ᵹċɑ, f., act of asking, seeking; ɑn ıɑᵹᵹɑıᵹ, missing, "to seek."

ıɑᵹċɑᵹ, -ɑıᵹ, m., the west.

ıl-ᴅɑċɑċ, -ɑıᵹe, a., many-coloured.

ımċıɑn, -ċéıne, a., very distant.

ımeɑll, -mıll, m., edge, border, hem; ımeɑll nɑ ᵹᵹéıᵹe, horizon.

ımnıᵹe, gs. id., f., anxiety; ní ᵹɑıb ċɑᴅɑ ɑᵹ oéɑnɑm ımnıᵹe ᴅı ɑċc, the only thing that was troubling her was.

ımċeɑċc, gs. -ɑ, npl. id., f., departure, etc.; ımċeɑċcɑ, doings, adventures.

ıonncuıᵹım, -óó and -uᵹɑó, v. tr. and intr., I turn.

ıoᵹᵹɑó (gs. -ɑıó, npl. -ıó, m.) ᵹuɑó, squirrel (sciurus vulgaris).

ıoᵹɑᵹɑn, -áın, m., loving diminutive of íoᵹɑ, "Jesukin" ("íᵹuccán" is the name of the Child Jesus in the exquisite hymn attributed to St. Íta, b. 470, d. 580, A.D.)

íᵹeɑl, -ᵹle, a., low; óᵹ íᵹeɑl, in a low voice, privately.

íᵹlıᵹım, -ıuᵹɑó, v. tr. and intr., I lower, stoop, descend.

Lágaċ, -aiġe, a , affable.

Lairce, gs id., npl. -í, m , latch; bain ré an Lairce de'n ḋopar, he unlatched the door.

Laraip, gs. -rpaċ. npl. -rpaċa, f., flame, flash; bí Laraip i rúiliḃ an ġapúip, there was a light in the boy's eyes; Le Luar Larpaċ, quick as a flash

Largaim, -aḋ, v tr , I whip, lash; Larg Leir, he darted off

Leann, -a, -ca, f or m , ale.

Leacaim, -aḋ, v tr., I spread

Leac-Luiġe, gsf id., m , act of leaning.

Leiceann (Leiċ-ċeann), -inn, npl id , one side of the face, cheek (this word replaces Leaca in C)

Léine, (gs id , npl -nceaċa), f, shirt

Leirge, gs id , f , laziness, reluctance; bí Leirge opca, they were loath

Leice, gsf. id (also -an), f , stirabout.

Locaċ, -aiġe, a , abounding in lakes

Lóċpann, -ainn, npl id , lamp, light , i Lóċpann na ceineaḋ, in the glow of the fire, in the firelight

Luargaḋ, -gca, m , act of waving, shaking.

Lúb, -úibe, -a, f , a loop , bí an gadap i n-a Lúib, the dog was coiled up.

Luiġim, -ġe, v. intr , I lie ; I alight ; Luiġeann re Le naḋúp, it is natural, it stands to reason

Luingear, -gir, npl id. and -greaċa, m., fleet, shipping

Luirne, gs id., npl. -eaċa, f., blush, flush, bright colour

Lúpabóg, Lapabóg, a well-known children's game, so-called from the first words of the nonsense-rhyme used in playing it.

maċaipe, gs id , -í, m , plain

maċtnaṁ, -aim, m , act of thinking, pondering.

maiḋe (gs id., npl -í, m.) paṁa, an oar.

maiḋip Le, prep. phr., with regard to, as for.

maiceaṁnar, -air (pron. maiceamnar), m., for-giveness.

maiciar, -air, m., Matthias.

maiċim, -ceaṁ, v tr , I forgive (do)

mαlαí, gs. id , f., "Molly."

mαlηαċ, -αıɠ, npl. id., m., a boy, a male child.

mám, -áıme, -áımeαċα, f., (also -ámα, npl. id., m)., the cup-like hollow in a mountain-side or between two mountains ("αn cnoc 'ŗ αn ɠleαnn, αn mám.")

mαmα, gs. id., f., "Mamma."

mαoın, -e, f., wealth, property.

mαol, -oıle, a., bald.

mαŗbċα, gsf. id., a., dead; ı n-αm mαŗbċα nα hoıŏċe, in the dead of night.

mαŗmαŗ, -αıŗ, npl. id., m., marble.

meαnɠαŏ ɠáıŗe, m., a smile.

méαŗ, -éıŗ, npl. id., -αnnα, - αċα, m., finger; ŗıán mo méαŗ, the mark of my fingers; níoŗ bαın· ŗí méαŗ ŏá ŗŗóın, she did not halt.

méıŏleαċ, -lıɠe, -α, f., bleating, act of bleating; αɠ méıŏlıɠ (méıŏleαċ in s. l.), bleating.

meıŏŗeαċ, -ŗıɠe, a., cheerful, joyous.

méıŏ, -e, m. and f., bulk, size, quantity; ŏá méıŏ, however much.

méıŗín, gs. id., npl. -í, m., foxglove (digitalis purpurea).

mıαŗ, méıŗe, -α, f., dish.

mínıɠım, -ıuɠαŏ, v. tr., I explain.

mínıuɠαŏ, -ıɠċe, m., act of explaining.

mıol (gs. míl, npl. -ıolα, -ıolċα, m.) cŗíonnα, woodlouse, slater (oniscus asellus).

mıon-oŗeαm, -α, -αnnα, m., a little group.

mıon-ŏuıne, gs. id., npl. -ŏαoıne, m., small person, little one; mıon-ŏαoıne . . nα coılle, the little ones of the wood, the small inhabitants of the wood.

mıonn, -α, npl. id., m., diadem.

mıonnuıɠım, -uɠαŏ, v. tr. and intr., I swear, vow.

moċ, -oıċe, a., early; used as noun in phr. ó moċ nα mαıŏne, from early morning.

móıŏe (=mó plus ŏe), the more; ní móıŏo, none the more, none the likelier.

monαbαŗ, -αıŗ, m., murmur, plaint.

moċuɠαŏ, -uıɠċe, m., act of perceiving, feeling; perception.

múᵽ, -úiᵽ, npl. id., m., shower.
muinċe, gs. id., npl. -ċí, f., necklace.
múiᵽneᴀc, -niᴣe, a., darling.
mullᴀċ, -ᴀiᴣ, npl, -ᴀiᴣe and -ᴀċᴀ, m., top,
    head; mullᴀc ᴀ ċéile, on top of each
    other.   ✴

nᴀᴠúᵽᴄᴀ, gsf. id., a., kindly.
nᴀiᴣín, gs. id., npl. -í, m., noggin, mug.
neᴀᴠ, gs. neiᴠe, npl. neᴀᴠᵽᴀcᴀ, f. (also neiᴠ.
    niᴠ, npl. id. and -ᴀċᴀ, m.), nest.
neᴀᴠuiᴣim, -uᴣᴀᴠ, v. intr., I nestle.
néᴀll, -éill, npl. -éᴀllᴄᴀ, m., a "wink" of
    sleep; níoᵽ ċoᴠᴀil ᵽí néᴀll, she did not
    sleep a wink.
neᴀṁᴠᴀ, gsf. id., a., heavenly.
neᴀṁ-ᴣnᴀᴄᴀċ, -ᴀiᴣe, a., unusual.
niᴀṁᵽᴀċ, -ᴀiᴣe, a, brilliant, glittering.
niᴣeᴀċᴀn, -ᴀin, m., act of washing
ni' mé (=ní ᵽeᴀᴠᴀᵽ mé ?), I don't know.
noċᴄuiᴣᴄe, gsf. id., a., stripped, naked
nó ᴄe (=no ᴄuiᴣe ?) in such phrases as no
    ᴄe nᴀċ ᴠᴄᴀiniᴣ ᵽiᴠ ᵽoiṁe ᵽeo, why did
    you not come sooner?
nuiᴣe (with ᴣo), adv., until; ᴣo nuiᴣe ᵽeo, up
    to this, so far.

Oiᴠeᴀᴠ, -óiᴠ, m, tragic fate.
Óiᴣeᴀnᴄᴀ, gsf. id, youngish, young-looking.
Olᴀ (gs. id., npl. -í, f.) Ⅾéiᴠeᴀnnᴀc, Extreme
    Unction.
Olᴀᴣán, -áin, npl. id., m., wail.
Olc, gs. uilc, npl. id, m, evil, spite; le coᵽᵽ
    uilc ᴀᵽ, through sheer spite against.
Oᵽᴠ, gs. uiᵽᴠ, npl. id, m., religious order,
    friars, clergy; nᴀċ ᴠᴄᴀiᴄiᴣeᴀnn oᵽᴠ nᴀ
    ᴀiᵽᵽeᴀnn, who frequents neither clergy nor
    Mass.
Oᵽnᴀᴠ (prox. er-nᴀᴠ), -ᴀiᴠ, npl. -ᴀᴠᴀ, -ᴀiᴠe
    -ᴀiᴠeᴀċᴀ, sign.
Oᵽlᴀċ, -ᴀiᴣ, -ᴀiᴣe, m, inch.

Pᴀiᴠᵽeoiᵽeᴀċᴄ, -ᴀ, f, act of praying
Pᴀiᵽᴄe, gs. id., npl. -í, m, a child; pᴀiᵽᴄe ᵽiᵽ,
    a male child.

Párlúr, -úir, npl. id , m., parlour.
Patairc, gs. id., npl. -í, m , a tender young living thing, a plump young child
Pearsa, -n, npl. -ain, f., person, body.
Peigí, gs. id., f., "Peggy."
Péire, gs. id., npl. -í, m., pair, couple, two; i n-a bpéire is i n-a bpéire, by twos.
Pictiúir (*pron.* pec-túr), -e, -í, m., picture.
Píob, -íbe, -a, f., windpipe, throat.
Píobaire na ngríosaiġe (the "piper of the embers"), a fanciful name for the cricket (*gryllus domesticus*), properly, criocair, gs. id., m., in this district (also criogar, griollaċ, etc.)
Plaitín, gs. id., m., the bare scalp of the head; go raiḃ plaitín innti, that she was bald.
Plód, -óid, -a, m., a group, a crowd.
Pluid, -e, -í, f., blanket.
Préaċaim,-aḋ, v. tr., I nip, pinch; préaċfar leis an ḃfuaċt tú, you'll be "perished" with the cold.
Préaċán na gCearc, the Hen-Harrier or (so-called) "Kite" (*circus cyaneus*).
Puinnte, gs. id., npl. -í, m , point; ar an bpuinnte sin, at that moment.

Raiṫneaċ, -niġe, f., common female fern (*aspidium filix fœmina*).
Ríoṁaḋ, -ṁṫa, m., act of composing, inventing (a story, poem, etc.)
Riṫeaċt, -a, f., act of running, racing.
Roc, gs. ruic, npl. id., m., a wrinkle; ruic i n-a éadan, wrinkles in his face.
Ropaḋ, -pṫa, act of tearing, etc.; ag ropaḋ leis, "tearing away," running wild.
Ros, gs. ruis and -a, npl. id., m., promontory
Ró-ḟlaċtṁar, -aire, a , too handsome.
Ró-uaiḃreaċ, -riġe, a., too proud.

Saiġead, -ġde, npl. id. and -dí, f., arrow
Sáiṫim, -áṫaḋ, v. tr., I thrust, stick.
Sáiṫte, gsf. id., a., thrust, stuck.
Sáṫaċ, in constr. sáṫaċ galánta, sufficiently grand.

Saṁail, -ṁla, -ṁlaċa, f., lɪκeness, similitude, comparison

Seaċc, num., seveɪɪ, ᵽeaċc mó, seven tɪmes greater.

Seaɪɪcuᵽ, -uɪᵽ, m., act of tellɪng·storɪes. chattɪɪɪg

Seanᵽ (Eng. "chance"), chance

Sean-ᵽ5aɪᵽc, -e, npl. id., f., a hearty shout, buɪst (5áɪᵽe, of laughter).

Seɪlmɪoe, gs. id., npl -í, m., a snail.

Seɪᵽbíᵽeac, -ᵽɪ5, npl. id., m , servant

Séɪᵽ, -e, npl. id., f., strain (of music), sweetnes̄s; ɪ ᵽéɪᵽ ċoṁᵽáɪo, in earnest conversatɪon

Seoo, -oɪo and -oɪoe, npl. id. and -a, m. and f, a jewel, a valuable.

'Séᵽ'o (=ɪᵽ é ᵽuo), "it is what," as in 'ᵽéᵽ'o oubaɪᵽc an ᵽa5aᵽc, "ɪt is what" the priest said, what the priest said was.

S5áɪle, gs. id , npl. -í, f., shadow, haze; ᵽ5áɪle ᵽoluɪᵽ, nimbus.

S5aɪᵽceao, -cĉe, m., (in text), act of sheddɪng, radiating, shining (of lɪght).

S5aɪᵽcɪm, -ceao, v. tr, and intr. I squirt, etc.. ᵽ5aɪᵽc an ᵽa5aᵽc a5 5áɪᵽoe, the prɪest burst out laughing.

S5ála, gs. id , npl -í, m., dish. vessel.

S5allao, -lca, m., act of blazing, shining brightly and warming (of the sun).

S5áĉ, -a, m., fear, fright.

S5aĉaṁ,-aɪṁ, -aɪĉce, m., span (genly. of tɪme, but also of space); ᵽ5aɪĉce, at times, some-times.

S5áĉán, -áɪn, npl. id., m , looking-glass.

S5ɪoᵽᵽao, -ᵽĉa, m , act of glɪdɪng. skɪmmɪng.

S5ɪúᵽao. -ᵽĉa, m., act of scouring

S5oɪlceao, -lce, m., a splɪt, a cleft.

S5ólaɪm, -ao, v. tr , I scouɪ.

S5uabao, -bca, m., act of sweeping, etc., ᵽ5uabao leɪᵽ amac, to be off ouɪ wɪth hɪm-self.

S5uabaɪm, bao, v tr and ɪntr, I sweep; ᵽ5uao leaᵽ, be off ¹,

S5uᵽaċ, -aɪ5, npl. id , m , a lad

Sɪleao, -lce, m,. acɪ of droppɪng oozɪng, a5 ᵽɪleao leɪᵽ an 5cloċaᵽ, flowɪng down and over the stones

Sínım, -neaꝟ, v. tr., I stretch; ꞃíneaꝟ aꞃ leıc an ceallaıᵹ í, she was "stretched" (*i.e.* she fell) on the hearthstone

Sıoᵹán, -áın, npl. id., m., ant (*formica*).

Sıoꞃᵹaꝟ, -ᵹċa, m., act of dropping, shedding; aᵹ ꞃıoꞃᵹaꝟ caınnce, chatting, chattering.

Sıuꝩal (-aıl, m.) lae, in phr. ı ꝟo ꞃıuꝩal lae, in your day's walk.

Slaċc, -aıċc, and -a, m, comeliness, good appearance.

Slınneán, -áın, npl. id., m., shoulder, shoulder-blade.

Sméıꝟeaꝟ, -ꝟċe, m., act of winking; le ꞃméıꝟeaꝟ ꝟo ꝼúl, while you'd be winking.

Smıꝟ, -e, -í, f., a syllable, a word; ᵹan ꞃmıꝟ aıꞃcı, without a word.

Smıᵹeaꝟ (-ıꝟ, m.) ᵹáıꞃe, a smile.

Soꞃ, -a, m., cessation; ní ꞃoꞃ ꝟóıꝩ, they do not rest.

Spalpaꝟ, -pċa, m., act of beating, bursting forth; an ᵹꞃıan aᵹ ꞃpalpaꝟ, the sun shining brightly.

Spáꞃ, -áıꞃ, m., interval of time, respite.

Spꞃaoıꝟ, gs. id., f., "spree," game, play (the common word in the district for plays and games of all sorts).

Sꞃannaꝟ, -nca, m., act of snoring.

Sꞃuıċleán, -áın, npl. id., m., streamlet.

Scaıc, -e, -eanna, f., "stack"; ı n-a ꞃeaꞃaṁ .. ı n-a ꞃcaıc, "standing like a stack," *i.e.* stiff and awkward.

Scócaċ, -aıᵹ, npl. id., m., a lad; ꞃcóıcín, gs. id., m., a little lad.

Scoıꞃmeaṁaıl, -aṁla, a., stormy.

Scꞃaınꞃéaꞃa, gs. id., npl. -aí, m., a stranger.

Scꞃóıceaꝟ, -ċċe, m., act of tearing.

Scuaıc, -e, -eanna, f., pinnacle.

Súᵹꞃaꝟ, -aꞃċa, m., act of playing, disporting; aᵹ ꞃúᵹꞃaꝟ ꝟı ꝼéın, playing.

Súıl, -e, npl. id., f., eye; a leaċ-ꞃúıl, her single eye (see *s.v.* a); aᵹ cuꞃ na ꞃúl cꞃı, staring fixedly at.

Caca, indecl., m., a point of time; blıaꝟaın aꞃ caca ꞃın, that time twelvemonths.

Caimín, gs. id , m , little Tom, "Tomeen ; " the
c is the t of English " Tom " (cf. cae, the c
of which is also the t of English).

Cairteal, -cil, npl. id., journey, travel ; act of
journeying, traversing.

Caicigim, -ge, v. tr., I practise, frequent.

Calam̃, gs.-man and-aiṁ, npl -lca, f. and m.,land.

Caovac (pron cavavac),-aige, a., hot-tempered.

Cop é (elsewhere, ap é, náp é), inasmuch as, for
the reason that ; cap é ní paiv aon cainnc
ag Caimín go póill, inasmuch as Tomeen
was not yet able to talk.

Cap 'éipe (=cap a éipib), after.

Cáppcáil, -ála, f., act of saving, preserving.

Cáppcuigim, -ugav, v. tr., I save, preserve

Caob, -oibe and -oib, npl. -a, f. and m., side ;
caob cipe, countryside.

Caobuigim, -ugav, v. tr. and intr , I approach.

Ceac an pobail, m , the church, the " chapel "

Ceáctaipe, gs id., npl -í, m., messenger.

Céaluigim, -ugav, v. intr., I "steal," move
stealthily.

Ceann, -einne, and -ca, m., strain, violence ;
le ceann paitcíp, with excess of fear, in
sheer fright

Ceannaim, -av, v. tr. and intr., I draw, strain.

Ceannca, gs id., npl.-í, m., strait, difficulty, fix.

Ceapa uaic (also ceannam uaic, cealla uaic,
cappa uaic), come on.

Céiteav, -cce, m., act of warming.

Ciap avtuaiv (sic. in Connemara, rather than
ciap-ó-tuaiv or ciap-ctuaiv), north-west.

Cimpipce, gs. id., npl. -í, f., disaster.

Ciovúlacaim, -av, v. tr., I offer, bestow.

Ciomáinim, -áinc, v. tr. and intr., I drive ;
ciomáin coipc beag vub anveap, a small
dark body approached from the south.

Cnútán, -áin, m , hope, expectancy ; b'pava vi ag
cnútán leo, she had been long coveting them.

Coéc, -a, npl. id -aí and -anna, m., stoppage of
speech (on account of emotion) ; bí coéc i
n-a glóp, his voice shook.

Cógáil, -ála, f., act of raising ; ag cógáil na
háice cap éip an bpicpapca, clearing
away the table after breakfast.

Cóiᵹ, dialect. for cóᵹ.

Coiꞃbꞃim, -iꞃc, and -beaꞃc, v. tr., I offer.

Coiꞃċim, -e, f, drowsiness, heaviness, (of slumber); coiꞃċim ꞃuain, a deep slumber.

Coiꞃc, -e, -eanna, f., bulk, object.

Comaiꞃim, comaꞃ, comaiꞃ, v. intr, I guess.

Comaꞃ, -aiꞃ, npl. id. and -aiꞃeanna, m., a riddle.

Coꞃmán, -áin, npl id., m, noise.

Coꞃuiᵹim, -uᵹaꞇ, -aiᵹe, v. tr. and intr., I commence; coꞃuiᵹ [ꞃé] aiꞃ, he commenced.

Cꞃaoċaꞇ, -ċca, m., weariness, act of growing weak.

Cꞃáċ, -a, npl. id. and -anna, m., time, season; ꞇí ... aici cꞃáċ, she had .. once upon a time; cꞃáċ ꞇá ꞃaoᵹal, at one period of his life.

Cꞃáċamail, -ṁla, a, timely.

Cꞃáċnóna (*pron.* locally cꞃánꞇóna), gs. id., npl. -nca, and -i, m., evening; cꞃáċnóinín, dim., late evening.

Cꞃeaꞇaꞇ, -ꞇċa, m., act of ploughing (figuratively of traversing the deep)

Cꞃeaċan-ṁóꞃ, -óiꞃe, a., mighty, swelling (of billows).

Cꞃíꞇ ꞃíoꞃ, adv. phr., right through, from beginning to end.

Cꞃiopallaċ, -aiᵹe, a., ringleted, clustering (of hair).

Cꞃiċeaṁ, -ċim, -ċí, m., a fit; i ꞇcꞃiċíꞇ ᵹáiꞃe, in fits of laughter.

Cꞃuaᵹán, -áin, npl. id., m., a wretch, an unhappy person, a *misérable.*

Cuaiꞃc, -e, npl. -eaċa, and -eanna, f., a report a loud fall.

Cuaꞃᵹain, -ana, f., act of beating, smiting

Cubaiꞃce, gs. id., f, mischief, misfortune.

Cuᵹaim : among its idiomatic uses note ċuᵹ ꞃe an ꞇoꞃaꞃ amaċ aiꞃ ꝼéin, he went out on the door; ċuᵹ ꞃí ceaċ an cꞃaᵹaiꞃc pobail ꞇi ꝼéin, she reached the parish priest's house (ꞇo is in use in this construction, though aꞃ is commoner),

Cuiᵹꞃeanaċ, -aiᵹe, a., intelligent, sagacious, discerning.

Cuıplıngım, cuıpılıng. v. intr., I descend.

Cúıpᵹe, comp. and superl., sooner; in phr. cóṁ cúıpᵹe aᵹup, as soon as (apparently a confusion of ní cúıpᵹe 'ná and cóṁ luac aᵹup)

Cúlán, -áın, npl. id., m., kettle.

Uaıp, -e, -eannca, f., hour, time; weather.

Uaṫṁap, -aıpe, a., fearful, terrible.

Uċc, -a, npl. id., m., bosom; ap uċc (with gen of noun and ᵹo with verb), on account of, in virtue of.

Uṁaċc, -a, -anna. f., will, bequest; páᵹaım le huṁaċc, I declare, I protest

Úṁan, dialect for úᴅ, demons. a., yonder.

Umluᵹaᴅ, -uıᵹⱦe, m. act of bowing.

Uplaḃpa, gs. id, m., faculty of speech

Uppamaċ, -aıᵹe, a. reverent.

·A·ĊRÍOĊ·

Ar na chur igcló do Mhuinntir
Lochlainn, Murchadha a's Beóláin, Tta,
Ath Cliath.

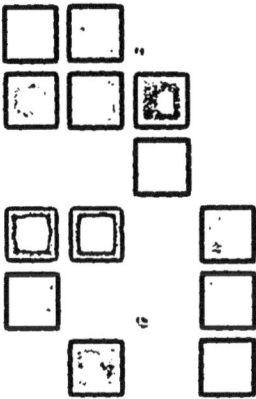

www.ingramcontent.com/pod-product-compliance
Ingram Content Group UK Ltd.
Pitfield, Milton Keynes, MK11 3LW, UK
UKHW021424080825
7309UKWH00038B/353